『话说三个文化带』文丛

话说长城

历史上的京师屏障

梁志刚 主编

北京出版集团公司
北 京 出 版 社

图书在版编目（CIP）数据

话说长城：历史上的京师屏障 / 梁志刚主编．—
北京：北京出版社，2020.1
（“话说三个文化带”文丛）
ISBN 978-7-200-14751-3

Ⅰ.①话… Ⅱ.①梁… Ⅲ.①长城—文化研究—北京
Ⅳ.①K928.77

中国版本图书馆 CIP 数据核字（2019）第 050328 号

“话说三个文化带”文丛

话说长城

历史上的京师屏障

HUASHUO CHANGCHENG

梁志刚 主编

*

北京出版集团公司
北京出版社 出版

（北京北三环中路 6 号）

邮政编码：100120

网 址：www.bph.com.cn

北京出版集团公司总发行

新华书店经销

北京华联印刷有限公司印刷

*

710 毫米 ×1000 毫米 16 开本 12 印张 240 千字

2020 年 1 月第 1 版 2020 年 1 月第 1 次印刷

ISBN 978-7-200-14751-3

定价：48.00 元

如有印装质量问题，由本社负责调换

质量监督电话：010-58572393

序1

北京之根的依恋

古语谓：书中自有黄金屋。可是，我从最近阅读的几本书中，却看到了激战的硝烟，听到了战马的嘶鸣；看到了劲鼓的风帆，听到了高亢的号子；看到了雄浑绮丽的园林，听到了婉约的丝竹之音。我时而掩卷沉思，时而振臂呐喊！在电子阅读的时代，是什么样的书使我如此痴迷？原来，我是个老北京，只有使我关注的分量足够，才能拨动我与北京真情共鸣的心弦。而做到这一点的，不是一本书，而是三本。

应邀为《话说长城》《话说运河》《话说西山》三本书作序，我迟迟未敢动笔。经过认真阅读，进而遍览相关资料，我决定放开视野，多说一些北京的历史背景，多说一些本书不包括的“一城三带”中“一城”的内容，引导读者在了解“三带”的基础上知晓“一城”，使阅读提高到一个新的高度。

“一城三带”出自《北京城市总体规划（2016年—2035年）》，仅仅4个字，汉语的优势便发挥得淋漓尽致，简短而有节奏，更为关键的是凝练：仅仅4个字，就高度概括了“历史文化名城”及“长城文化带”“大运河文化带”“西山永定河文化带”无比厚重深邃的内容，以及北京文化发展的战略趋向。

我把“一城三带”比喻为“‘一城’是树干，‘三带’是分支”。如同参天大树，根深叶茂才能开出鲜艳的花朵，才能结出累累的果实。

什么是北京文化这棵参天大树的根呢?《北京城市总体规划(2016年—2035年）》告诉我们：以历史文化名城保护为根基。北京是中国古代最后三个“大一统”的封建王朝的京城，凝聚了5000年传统文化的精华，同时又吸收了优秀的外国文化，漫长而多元演变的内在逻辑，生成了北京的城市精神，也就是北京的灵魂。由此而形成的核心文化，是北京文化之根本，是北京区别于任何其他城市的本质特征。

文化的产生与发展，与环境密切相关。

北京山河壮美，南朝范缜曾在《幽州赋》中形容北京：“左环沧海，右拥太行，北枕居庸，南襟河济，形胜甲于天下。”从地理环境上看，北京处于中纬度的温带半湿润大陆性季风气候区。北京位于华北平原的北端，北靠燕山，西邻太行山，两山围合形成西、北环山，东、南面向渤海，半封闭形如海湾，人称“北京湾”。这样的地形从自然地理的角度看，有利于阻挡北方的干冷空气，迎接东南方向的暖湿气流。山区河流带来的肥沃土壤和五大水系的丰沛水源，使这里物产丰饶，堪称“天府之都”，有利于人类的繁衍，有利于文化的产生和发展。

文化的产生与发展，是历史变迁的累加。

北京，历史上曾经被称作蓟城、燕都、燕京、涿郡、幽州、南京、中都、大都、顺天府、北平、北京。每一个名字，都是坚实的历史足迹。而最崇高的名字莫过于“帝京”“日下”。北京3000多年建城的历史，正是这样一步步走来的。

遥望浩瀚久远的历史源头，北京地区是“北京猿人”“山顶洞人”的故乡。

“三皇五帝”的远古时期，北京地区就生活着众多中华民族早期的族群。而进入正式的“诸侯国”形态，需要有“国都”。古代国都的条件据《尚书大传》和《左传·庄公二十八年》记载：“凡邑，有宗庙先君之主曰都，无曰邑。邑曰筑，都曰城。”根据东汉许慎《说文解字》的解释，周朝时各国把“国都”叫作“国”，把有宗庙或先君神主的城叫“都”，没有的就叫“邑”。

北京地区的“国都”早在3000多年前就形成了。公元前1046年，中国发生了一件惊天动地的大事。据《礼记·乐记》记载：“武王克殷，反商，未及下车，而封黄帝（一说是舜帝）之后于蓟（今北京城西南角）。”《史记·燕召公世家》记载：“周武王之灭纣，封召公于北燕（今北京一带）。”古籍中寥寥数语，记载了北京地区都城的诞生。“蓟”和“燕”就是周朝分封于北京的两个诸侯国。

作为诸侯国的都城，一定要有宗庙。这一点被考古所证实。

1986年，北京房山琉璃河遗址出土了克盉、克罍两件西周青铜祭祀礼器，据铭文表述，这是周天子占候天神、祭祀神祇、祈祷农事所使用的高规格礼器。这两件青铜器证实了周武王克商后，召公奭被封于燕，并未就封，后周成王派召公奭长子克赴燕，克成为第一代燕国国君。

1974年，北京房山琉璃河出土了西周早期青铜礼器堇鼎，这是北京地区出土的体形最大、重量最重的一件，上有26字铭文，由于此鼎为黄钟大鼎，等级之高出乎想象。笔者认为，按照周朝的制度，诸侯国一定要建立宗庙，因为这是“都”与“邑”的明显区别。这些青铜重器都是宗庙的礼器，亦可反证燕国宗庙的存在。

后来，燕国兼并了蓟国，燕都迁到蓟地。隋朝以蓟县为涿郡治所，唐朝改涿郡为幽州。辽朝以幽州为陪都，改称南京。金贞元元年（1153），金朝正式迁都燕京，改称中都，向全国政治中心燕京迈出了关键的一步。元朝至元二十二年（1285），元大都建成。到了明朝，改建大都，明永乐十八年（1420）新都城建成，始称北京。清朝承继明代北京，以之为都城。所以，据文字可考，北京城建城已有 3000 多年的悠久历史，一脉相承至今。

在古代，都城即一国的最高行政机关所在地。而元、明、清则使北京都城的级别达到了最高，即中华“大一统”国家的首都。

中国古代对天、地、人三者关系的思考，逐渐形成了“大一统”的观念。众多的地方文化、民族文化，经过漫长的融合交流，形成“诸侯咸尊轩辕为天子”的观念。轩辕即黄帝，中华民族首个实现民族融合的领导者。涿鹿之战中，黄帝与炎帝联合的华夏族击败了以蚩尤为首的九黎族。黄帝战胜蚩尤后，各诸侯都愿归顺，一致拥戴他为天子。自此，民族实现统一，中原四方趋于安定，生产方式从游猎逐步转为农耕，社会生产力获得了前所未有的发展。在经历了反复的“一统”“分裂”以后，中华大地的各个民族形成“华夏大一统”的文化认同。元代虽为蒙古族建立的政权，但仍尊崇华夏文化，取《易经》中“大哉乾元”中的“元”为国号。至元九年（1272），元朝定都北京，即“元大都”。明洪武元年（1368），明太祖建都南京，永乐十九年（1421）明成祖迁都北京。清顺治元年（1644），清军入关。清承明制，亦尊中华正统，祭祀黄帝，且没有烧毁明代京城，使我们今天能够见到近 600 年前始建的明、清两代的皇宫——紫禁城，这是对中华民族的一大贡献。

综上所述，北京城从金代开始有了质的转化，奠定了其成为中国首都的基础，后续元、明、清三代相继定都于此，使其地位更加稳固。中华人民共和国成立后，北京成为全国的政治、文化、经济中心，中华民族的伟大历史，进入了一个崭新的时代。

所以，北京的文化核心、本质、特征都建立在“大一统”首都的基础之上，这是北京文化之魂。有了魂魄，有了根本，才有了根深叶茂，硕果累累。

在“一城”当中，中轴线是北京文化的灵魂和脊梁。北京中轴线是世界上现存最长、最完整的古代城市轴线。这条线汇集了北京城传统建筑的精华，见证了这座古都的历史变迁。

2012 年，北京中轴线被列入《中国世界文化遗产预备名单》。此后数年，北京市实施了中轴线文物保护修缮计划，取得了腾退与修缮景山寿皇殿建筑群等重要成果。2017 年底，北京市推进全国文化中心建设领导小组批准成立了中轴线申遗保护专项工作组，由市文物局和市规划国土委牵头，北京中轴线申遗保护工作全面启动。根据由清华大学建筑设计研究院文化遗产保护中心、北京市城市规划设计研究院城市设计所 2018 年编制的《北京中轴线申报世界遗产名录文本》《北京中轴线保护规划》等文件，2018 年 7 月 4 日《北京日报》报道：北京中轴线申遗确定 14 处遗产点，即永定门、先农坛、天坛、正阳门及箭楼、毛主席纪念堂、人民英雄纪念碑、天安门广场、天安门、社稷坛、太庙、故宫、景山、万宁桥、鼓楼及钟楼，绵延 7.8 千米。2018 年底已经完成太庙、社稷坛、天坛内的住户腾退。计划用 10 年左右的时间，整治中轴线的遗产区和缓冲区的历史风貌，力争在 2030 年基本达到申遗要求，确保到 2035 年底前实现申遗目标。

北京中轴线蕴含着中华民族的文化底蕴、哲学思想，体现了大国首都的文化自信。北京中轴线既是历史轴线，也是发展轴线，是北京建设全国文化中心的魅力所在、资源所在，也是优势所在。中轴线建筑蕴含着中国传统人与自然、人与祖先、人与社会的关系法则。时序更替，化育天地万物。人是万物之灵，我们的祖先聪明智慧，于天地之间，寻觅到了自然与社会和谐关系的真谛。《荀子 · 礼论》中记载：“礼有三本：天地者，生之本也；先祖者，类之本也；君师者，治之本也。”这就是礼。中轴线建筑大都是礼制建筑，位于中轴线中心的太和殿及其左前方的太庙、中轴线南端左侧的天坛，就是其中重要的代表。“天人合一”“敬天尊祖”是中华传统文化的核心，深深地影响着中华历史的发展轨迹。它们在中国古代所发生的巨大推动作用，让中国古代的社会发展在世界遥遥领先，并使中华传统文化成为世界唯一没有中断的文化。北京城的中轴线即这种核心观念的体现。博大精深是中轴线文化的其中一个特点，中轴线文化的另一个特点是古今融合。当代建筑如何融入其中，这恰恰是研究中华传统文化在当代社会的价值与传承方法的重大课题，值得我们认真去研究，发现其真谛。期待作者悉心研究，再写出“话说京城”“话说中轴线”，本文亦可为序。

下面将“三带”扼其要而概述之。

长城文化带

北京长城蜿蜒雄踞6个区，拥有八达岭长城、慕田峪长城、居庸关长城、司马台长城、箭扣长城、水关长城、古北口长城等重要段落。“不到长城非好汉”已经成为国内外游客来北京最大的心理期待。北京长城最初的作用是作为边塞屏障拱卫京师，后来成为长城内外民族贸易互通、文化交流的缓冲带和闸口。北方各民族对先进发达的农耕文化日益认同并被同化，逐步促进了农、牧民族的融合。如今，长城成为举世闻名的建筑奇迹，不仅是北京文化的历史见证，也是中国文化的厚重载体、中华民族精神的象征。

《话说长城》一书，副标题为“历史上的京师屏障”。作者并未拘泥于介绍长城的北京段落，而是放开视野，从全国由古至今的长城说起，使读者对长城有一个整体的把握。该书内容从长城的来历、发展、变迁，长城的建筑结构，长城的功能与作用，到与长城有关的寺庙碑刻，北京著名的长城的特色，最后以诗歌之美收笔，可谓荡气回肠，令人回味无穷。

大运河文化带

京杭大运河是中国最古老的运河之一，北京的通州就是依运河而生，依运河而繁荣。京杭大运河北京段涉及昌平、海淀、西城、东城、朝阳、通州6个区，沿线分布有白浮泉遗址、昆明湖、广源闸、万宁桥、东不压桥、南新仓、永通桥、通运桥、张家湾古城等。大运河不仅保证了北京的历史发展，而且是文化的纽带，促使地理风貌不同、文化风俗亦有差异的南北方联系、融合在一起，凝聚成一个中华民族大家庭的整体，同时也滋润了北京独特的地域文化。

《话说运河》一书，副标题为“流淌着的遗产”。该书内容从运河的起源，至隋唐运河的开凿情况，再到明清大运河的概貌；从大运河沿岸 7 个重要的古城介绍，到大运河与中国古代文学——古代戏曲、唐诗宋词、明清小说；从江南园林到北京的皇家园林。多为艺术之赏，烂漫多姿、悠扬隽永，读来令人心旷神怡。最后落点在北京，着力介绍了大运河与北京的历史发展，介绍了相关历史节点、历史遗存以及民俗文化。如同长长的大运河，《话说运河》是一首悠远的长诗，让读者在吟咏、慨叹中进行思考。

西山永定河文化带

西山永定河文化带历史悠久，底蕴丰厚，文化资源丰富，与北京历史发展关系密切。从金中都营造八大水院开始，皇家园林的营造在清代迎来高峰。“三山五园”（万寿山、香山、玉泉山，静宜园、静明园、畅春园、圆明园、清漪园）博采江南名园之长，蔚为壮观，堪称世界古今建筑园林之最。清代皇帝在此观览山水，处理朝政，使之成为与北京城中紫禁城并重的另一个政治中心。这里多元文化形态交织共存，折射出北京文化蕴含的恒久魅力。

《话说西山》的副标题为“文化大观园”，十分贴切。重点在西山，自有道理。因为西山永定河文化带异常多元和厚重。永定河作为北京的母亲河，可单独成书。这样本书既可照顾众多的内容，又可从容不迫，有目的地落笔。首先，“三山五园”是重头戏，后面的内容略显庞杂分散，如人类早期遗址、墓葬陵园、古塔古寺、摩崖石刻、特色村落和风物特产等。可说是丰富多彩，雅俗共赏。

总之，作者从浩繁的资料中捋出头绪，分门别类，着实不易。一书在手，读者足不出户即可纵横驰骋，目不暇接地享受文化大餐。

我作为一个在北京居住超过一个甲子、从事传统文化工作的老人，对北京有着深深的依恋。回首过去，一个古老而又亲切的北京萦绕在脑海；展望未来，北京作为中国特色社会主义先进文化之都，以培育弘扬社会主义核心价值观为引领，将“一城三带”作为重点，精心打磨每个历史文化景观，唤醒老北京的文化记忆，为实现中华民族伟大的文化复兴书写更加灿烂的篇章。

最后，但愿我这简要的序，能从宏观和纵深给您的阅读以些许的启发。

“一城”是根本，“三带”枝叶新。阅读叩灵魂，字句仔细品。保护与传承，感动北京人！

是为序。

贾福林

2019 年 1 月 28 日戊戌小年

写于北京心远斋

贾福林：北京太庙原研究室主任，礼乐文化学者和创意人，中华首届炎黄奖·人文国学奖获得者

序 2

追寻北京的文化血脉

我的学生梁志刚，也是国学大师季羡林先生的学生，最近主编了一套三册的“话说三个文化带”文丛，将要出版之际，需要有人给写一篇序言。这对梁志刚来说本是件容易的事。如果季羡林大师还在的话，找大师写，那自然是很提气。但季老逝世多年了，就连季老的儿子季承先生（也是梁志刚的好友）也已离世。或许因为我是土生土长的北京人，对北京文化有所了解，于是他就打来电话，说是从我的角度写序言会更接地气，并坚称非我莫属。

于是，只好赶鸭子上架，由我这个过去的老师来完成我这个老学生布置的这份作业——写序言。

这套书要将北京的三个文化带——长城文化带、西山永定河文化带、大运河文化带介绍给读者，目的是让读者对这三个文化带有个较系统和较深入的了解，从而达到延续文化传承、树立文化自信的目的。

鉴于此，参与编写的作者提供的篇什，既要有厚重的历史感，又要有其独具的通俗性。本书的作者做到了。这些话说起来似乎落了俗套，但是琢磨一下，却有道理。其一，这套书是给老北京人提醒的。你知道西山的“三山五园”，甚至你游览过不止一次了，但你知道这些景点的历史渊源吗？你可能登上过八达岭长城，你也自傲地以好汉自居，但你了解我们的首都背靠的这一带长城的往昔和今世吗？你可能听说过京杭大运河的故事，但是你明白为什么人们说北京城是从水上漂过来的吗？这套书就正好给了我们一个比较系统全面的认知。其二，这套书对新近融入北京的人们，则是一把开启了解北京文化大门的钥匙。我们提倡爱祖国爱家乡，当我们唱着当前流行的《我爱你北京》这首歌的时候，这套书正是这爱的催化剂。它提示着我们为什么爱北京，从而启示着我们怎么爱我们的北京。

我们爱北京是因为我们深知她穿过历史的烽烟，经历了文化长河的洗涤，从而展示了北京三个文化带的前世。这决定了我们会面对着北京作为首都源远流长的历史和文化遗产，更好地挖掘她、保护她、建设她，使其历史渊源和文化内涵发扬光大，从而证明她是名副其实的全国文化中心和政治中心、世界名城。

这套“话说三个文化带”文丛，实际上是向我们展示了一幅雄阔的画卷：长城北京段不管是壮阔的八达岭长城，还是险奇的箭扣长城，或者是幽深的慕田峪长城，共同结成宽厚雄健的躯体矗立在燕山山脉上，拱卫着我们的京都古城。与其右侧相连的西山永定河文化带，保存了大量的文物古建遗存，有着崇高的历史地位，充分展现了中华民族的伟大创造力。在长城文化带的左侧，京东大地上铺展开了大运河文化带，从大运河漂来的物质和精神的精品，丰富和滋养了北京人的生活与情趣，那北京城街头巷尾的醇厚的京味，与这些有着密不可分的联系。

我们的首都以其悠久的历史和文化传承展示在世人面前，让我们把这个伟大的城市建设得更美好，愿子子孙孙永葆用之。

关于本书主编梁志刚先生，我还有话要说。梁志刚自幼聪颖好学，虽视力很差，但学习成绩优异。于1964年考入北京大学东方语言系，专攻印地语专业，从而成为季羡林大师的入门弟子。后经“文革”，学业中断仓促结业，恰逢我国西部边境局势紧张，被特招入伍至新疆戍边。“文革”结束后，退伍来京，本可由季大师安排从事本专业工作，但梁先生服从组织分配干了多年行政工作，直至退休后才拿起笔开始自己喜爱的写作。在季大师的鼓励下，梁先生著作颇丰。为了报师恩和弘扬大师的精神，梁先生曾有专门介绍季羡林大师品德、学问的数部作品问世。

梁志刚先生此次主编“话说三个文化带”文丛，从策划到编审历经数月，以其微弱的视力殚精竭虑，数次修改稿件，一丝不苟的精神的确令人感叹。

最后，希望这套书能在传承北京文化和树立北京文化自信上起到应有的作用。

王春茂

2018 年 11 月 20 日

王春茂：教育工作者，曾任北京市通州区政协委员，长期参与区政协文史工作组工作

目录

第三章　京师屏障　形胜山河

第四章　多彩长城　京华览胜

第一章

长城巨龙　横亘万里

“约公元前220年，一统天下的秦始皇，将修建于早些时候的一些断续的防御工事连接成一个完整的防御系统，用以抵抗来自北方的侵略。在明代（1368—1644），又继续加以修筑，使长城成为世界上最长的军事设施。它在文化艺术上的价值，足以与其在历史和战略上的重要性相媲美。”

上面这段话是1987年长城被列入《世界遗产名录》时，联合国教科文组织世界遗产委员会对长城的评价。1987年12月，长城以全票通过的方式成为中国第一批成功入选的世界遗产之一，长城和长城文化所具有的强大魅力吸引了世界，世界各国也在一定程度上通过长城对中国有了更深入的了解。横亘万里，气势恢宏，这项伟大的工程在世界文明史上延续了2000多年，沧桑的岁月在长城的躯体上留下了或模糊或清晰的痕迹，也烙刻进了每一个炎黄子孙的身体和灵魂。

第一节　古代最完整的防御系统

对于我们每个中国人来说，长城并不陌生。在我们年龄还小的时候，学校里的历史课和语文课都会教给我们很多关于长城的知识；长大之后，我们通过书籍、新闻及其他文字资料也会接收到关于长城的各种信息。可能有很多朋友到过长城，毕竟诗词里说过“不到长城非好汉”；在这个互联网时代，丰富的图片和视频资源同样可以使我们犹如身临其境一样感受长城之美……可以说，我们并不缺乏对于长城的感性认识。

那么，什么是长城呢？

从最直观的印象来看，长城是中国古代的一种防御设施，即用一道高大而坚固的城墙抵御外来势力的军事入侵，尤其在防御高机动性骑兵方面效果显著。这样的印象当然不够全面。长城的主体部分确实是城墙，但在城墙沿线以及城墙内外还有一系列配套的军事及生活设施，这些同样也是长城的一部分，比如关城、烽燧、卫所等。它们相互配合，相互补充，在整体上起到了一加一大于二的防御效果。所以长城并不是某一种设施或几种设施的简单并列，而是一整套系统工程。

今天来看，长城这一整套系统工程无疑达到了相当完备和高效的程度。这种完备与高效并不是一步到位的，而是在历史发展过程中，随着实际需求的变化和工程技术水平的提高而不断完善最终形成的。

长城的修建最早可追溯到西周时期。当时西北地区的周王室为了抵御来自北部草原的游牧民族的南侵，建起一种以烽火台为中心的信息传递系统，著名的“烽火戏诸侯”的典故就源于那一时期。那时长城的雏形还仅仅呈现为点状分布的形态，其作用也更多是预警而非直接的防御。到春秋战国时期，各诸侯国纷纷在国界修筑长城来抵挡别国入侵，长城进入到由点到线的阶段，但此时修筑的长城都比较短。到秦统一六国之后，秦始皇于公元前 214 年将战国时期秦、赵、燕三国的北边长城连接起来并进行修缮，在北方形成了一道蜿蜒万里的军事防御线，至此，长城真正成为了点线结合的军事防御系统。

» 万里长城

此后，历朝历代都或多或少对长城进行了修缮和补充，各种配套设施的逐渐完善带动了长城周边地区及城墙内外一定区域的发展，防御的关注点也不再局限于城墙一条线之上，而是向城墙两侧延伸，沿线各种军镇、堡垒、关口、卫城的建立以城墙为依托，形成了一道极具纵深、可攻可守的战略地带，长城也逐渐成为一套完整的、点线面相结合的军事系统。可以说，长城是“历时性”和“共时性”相结合的产物，共时平面内完备有序而又行之有效的长城防御系统是在历时轴线的推动中形成的。

综上所述，长城是中国古代一套完整而严密的军事防御体系。它以高大连续的城墙为主体，由城障、关隘、兵营、卫所、烽燧、城堡、敌楼等多种军事设施乃至生活设施相互联系，按特定结构方式组合而成，具有战斗、指挥、观察、通信、隐蔽等综合功能，并与大量长期驻屯军队相配合，形成了具有防御功能的有机整体。

大致说来，长城主要由墙体、关隘、烽火台三部分及一些配套设施组成，

每一部分又包括形态、功能各不相同的构筑设施，这些共同组成一个层层控制、严密有序的系统。

一、墙体

长城的墙体是具有阻挡、据守、掩蔽功能的线性防御工事，也是长城的主体，同时起到联系烽燧、关堡、敌台等设施的纽带作用。墙体主要由主体墙身以及券门、垛口、城台等构筑设施构成。

主体墙身是城墙抵御敌人的主要部分，总宽度较宽。以明长城墙体的标准来看，基础宽度为 6~7 米，墙顶宽度为 5~6 米，平均高度为 7~8 米。墙身由外檐墙和内檐墙构成。外檐墙是指墙面向城外的一面，构筑时从下往上有明显的收分。墙身的收分能增加墙体下部的宽度，从而增强墙身的稳定性，加强它的防御性能。内檐墙是指墙面向城内的一面，构筑时一般没有明显的收分，直接筑成垂直的墙体。

根据墙身材质的不同，其构筑方式也多种多样，主要有版筑夯土墙、土坯垒砌墙、砖砌墙等。

1. 版筑夯土墙

版筑夯土墙是我国土筑长城中最常见的筑墙方法，以木板做模，内填黏土或灰石，用杵一层一层夯实修筑而成。它们有的是用黏土和砂夹以红柳或芦苇夯筑，也有的用土、砂、石灰加以碎石夯筑。版筑夯土墙一般均有明显的收分，因此这种墙有一定的承载能力，能阻止敌人步、骑兵的行动，抵抗刀、箭等冷兵器的袭击。版筑夯土墙在修建时可就地取材，施工也很方便；但缺点是不耐风雨剥蚀，时间一长便会坍倒，不易保存。

2. 土坯垒砌墙

土坯垒砌墙的筑法是用黏土先做成土坯，晒干后再用黏土做胶结材，像砌

» 长城城墙顶

砖一样垒砌而成，最后在墙面外再抹上黄泥做保护层。土坯垒砌墙的承载能力与版筑夯土墙相近，同样是就地取材，而且比夯筑施工更加方便，不需要收分即能建造比较高的城墙。但是受建筑材料特性的限制，土坯垒砌的墙不耐风雨长久侵蚀，只适用于雨水稀少、天气干燥的地区，且不太坚固，容易被敌人破坏。

» 长城土墙

» 万历年修长城用的青砖

3. 砖砌墙

在中国建筑史上，砖的出现和应用并不晚，但将砖用作砌墙材料却相对较晚。目前关于用砖包砌城墙的最早记载是孙权于东汉建安十三年（208）筑的镇江铁瓮城，考古发掘也显示汉代出现了用砖修筑城墙的实例。但自汉代一直到明代以前，砖砌墙并没有成为一种普遍的建筑方法。明代时，烧砖技术明显提高，砖的产量大大增加，砖价变得低廉，开始大规模用砖筑墙，且对已有夯土城墙进行包砌。长城的重要段落也是在明代用砖进行了包砌，其工程之大、用砖之多是前所未有的。砖砌墙能够大大提高城墙的防水能力，防止因风雨侵蚀而坍塌。此外，这种墙还能够承受较大的垂直荷重，比夯土墙坚固度更高，能有效抵御日益兴起的火器的袭击。

4. 石砌墙

石砌墙是用山石砌筑的城墙，所用山石有的是经过加工而成的条石，有的是未经加工的毛石。石砌墙能承受更大的垂直荷重，不仅能抵御冷、热兵器的袭击，也能很好地抵抗大自然的侵蚀。由于长城不少地段是构筑在山脊上，所以使用石砌的方式会让取材更加方便。八达岭附近的长城城墙主要就是用巨型条石砌筑的。

» 砖石混合砌筑长城

5. 砖石混合砌筑墙

砖石混合砌筑墙是以条石做基础，往上砌筑到一定高度时再使用青砖垒砌而成。由于山石承重力好，又能抗自然侵蚀，所以将其置于下层；而砖的体积小、重量轻，使用灵活，便于施工，所以就用来砌筑城墙的上层。在地势坡度较小时，砌筑的砖块或条石与地势平行；当地势坡度较大时，则用水平跌落的方法来砌筑。砖石混合砌筑的城墙更加坚固，对当时的各类兵器均有更强的抵抗能力。

» 石砌长城

二、其他构筑设施

长城的墙体除主体墙身外，还有许多构筑设施。

1. 券门

在长城内侧每隔不远就建有一个圆拱形小门，有石阶通到城墙顶上，这道门被称作“券门”。发生战事时，守在城下的士兵由此登城作战。

2. 垛口

在墙顶外侧的迎敌方向，修筑有许多连续凹凸的齿形矮墙，这便是“垛口”，也叫雉堞、垛口墙，对称分布于城门两侧。垛口之间的凹陷部分即为瞭望口，用于士兵观察、瞭望敌情，其宽度不大于垛口宽度的三分之一。垛墙上砌有供弓箭发射的箭孔。箭孔多呈矩形，且多为孔高长于孔宽。为扩大射界，箭孔大多呈外宽内窄状。其设置位置与士兵放箭姿势有关。设置数量一般是一片垛墙上一个箭孔，但也存在设两个或者不设箭孔的特殊情况。如果敌人太靠近城墙，射孔就无法发挥作用，只有靠投掷石块、火球一类的武器来阻止敌人架梯攻城。有些垛墙上还设有礌石口。

» 长城券门

» 垛口

3. 宇墙

在城墙顶的内侧及长城的其他重点地段，修有一道与垛口并行的矮墙，被称为“宇墙”，又叫“女墙”。它起着栏杆的作用，以防巡城的士兵失足跌落城下。同一地段的宇墙总比垛墙稍薄一点。宇墙的材料及砌法与垛墙相同，高1米多，砌六层或八层条砖，顶面砌筑一层脊砖，宽度一般比压面条石略窄。

» 嘉峪关城墙马道

4. 马道

在城楼旁边靠内檐墙处一般都有一条倾斜的、从地面通向城墙顶面的通道，称为“马道”，是人、马上下城墙的通路。为了防滑，道面上的青砖均侧面朝上，砌筑成十字形的嵌缝。有些较高的城墙上的马道会被修筑成二次阶形。在地面马道的入口处还建有门楼。

5. 障墙

障墙指的是马道上沿台阶边缘建造的与垛墙垂直相撞的包墙，形制、高度都与宇墙相似，是为了防卫外敌进入墙上或边墙内侧面设置的，有障墙的城段

» 金山岭长城障墙

不太多，仅见于明代蓟镇长城。

6. 排水沟及排水口

在城墙上，每隔一段距离就筑有一道排水沟和排水口，这是为了能及时将城墙顶部地面的积水排出。排水口一般伸出墙面 1 米左右，这样可以有效地保护墙基不被雨水侵蚀。

城墙的其他构筑设施还有礌石孔、单边墙、挡马墙等。

三、关隘

关隘是长城沿线的重要驻兵据点，位置多选在临近水源的咽喉要道上，或

» 关隘

为山峡隘口，或为江河要津，扼险绝以钳制要冲；或高筑城垣，或深掘堑壕，或辅以桥索船舶，以断绝其他通道来达到“一夫当关，万夫莫开”的防御目的。

关隘一般由方形或多边形城墙、城门、城门楼等组成，还有瓮城、罗城等军事堡城，以及护城河等附属设施。其中城墙的修建是修筑关隘的一项主要工程，其内外檐墙多用巨砖、条石等包砌，内填黄土、碎石，十分坚固；城墙高度一般在 10 米左右，令人望而生畏，使攻城的敌人难于攀登；城墙顶部一般都有四马并骑的宽度，以便作战时部队运送粮秣、兵器等；在城墙的外檐上筑有供瞭望和射击的垛口，在内檐墙上筑有高约 1 米的宇墙，以防止人马从墙顶跌落。

一般关城会根据自身大小和地形修筑 2~4 个城门。元朝以后的城门大多用砖或石块砌成拱券形的门洞，门洞内装两扇巨大木门，木门外用铁皮覆盖，巨钉镶嵌。门内侧装有门闩和锁环，有的甚至装配有机关。为了增加城门的稳固性，有的城门附近还筑有条石构成的台基。坚固的城门不仅是平时行人进出关口的通道，更是战时抵御、反击敌人的一道重要关卡。

城门上方一般筑有城门楼，多为一层、二层或三层的木结构及砖结构的建筑物，是战斗的观察所和指挥所，也是战斗据点。其屋顶多为悬山式或歇山式结构，普遍使用斗拱，且内外用漆彩绘，极大地增强了城楼的艺术美感。如甘肃嘉峪关的光化门和柔远门方形平台上的两座城楼皆为三层三檐木结构歇山顶式建筑，上面铺有绿色琉璃瓦，屋脊上装饰有蟠龙等神兽。柔远门的城楼下还有红漆装饰的明柱回廊，与屋顶上的彩绘装饰相互映衬，彰显了我国古代建筑技艺的高水准。

瓮城是在城门外构筑的二道城墙，依地形而建，或圆或方，作用是增大防御纵深，加强城门的防御能力。瓮城也有城门，但其主轴多与主城门的主轴垂直，这样的设计可以防止敌人在攻破瓮城城门时直冲主城门，同时也便于守城兵士从城墙上向下射杀敌人。如秦皇岛山海关城的东门便建有坚固的瓮城，瓮城的城门向南，与东门的城门主轴成直角。古人以“两京锁钥无双地，万里长

» 嘉峪关光化门

城第一关”的诗句来形容它的险要。

罗城是在瓮城外构筑的另一道城墙。这道城墙较长，不仅有掩护瓮城的作用，还有掩护内城城墙的作用。在嘉峪关瓮城外就筑有一道罗城，长 287 米，是城关的第一道防线，起着增大防御纵深的作用，可以为士兵赢得更多的战斗准备时间。在罗城的城墙上一般也建有城楼，用以观察敌情、指挥作战。在城墙两端通常还建有箭楼，以加强瞭望和巡逻。

在城关外一般还有护城河，通常是在筑城挖土时形成的深沟中引入河水，形成城关的又一道防线。在山海关城外就有一道护城河，敌人必须涉水过河才能到达城下，这无疑增加了攻城的难度，为守卫在城墙上的士兵创造了射杀敌人的有利机会。

四、烽火台

烽火台，汉代称过亭、亭隧、烽燧等，唐宋时称作烽台，明代称作烟墩，在历代长城防御体系建设中都是极为重要的组成部分，主要的作用是观望和传递军情，以便提前进行防御。

» 烽火台

烽火台是一个独立的高台子，用砖、石、夯土等建筑材料垒砌，平面形制随地形而变化，有方形、长方形、圆形等。为利用烽火、烟气传递敌情，烽火台上均配有火种、牛马狼粪、发火草、火绳以及灯笼、旗子等。白天需要传递信号时，就在烽火台悬挂旗子并点燃发火草或狼粪等，冒出烟气；夜里则点上灯笼或点燃干柴枯草发出火光以作为联络的信号。

相邻两座烽火台之间的距离大约为 5000 米（明长城也有间距 2500 米左右的），其布局十分重要，通常修建在高山险要处或是峰回路转的地方，而且必须要三个台能互相望见，以便传递信号。长城上一般有 4 种位置的烽火台：一

» 城墙与烽火台

是在长城两侧紧靠长城的烽火台；二是在长城以外向远处延伸的烽火台；三是在长城以内与王朝首都联系的烽火台；四是与相邻郡县联系的烽火台。烽火台除了传递军情之外，还有保护往来使节安全、提供食宿及马匹粮秣的作用。

关隘、城墙、烽火台等设施的完美构造使得长城的建筑别具一格。在漫长的历史岁月中，一代又一代的封建王朝为了巩固自己的统治，都曾对长城进行过多次修筑。无论是巨龙似的城垣，还是扼居咽喉的关隘，都体现出当时设防的战略思想，同时也标志着古代建筑技术的高度成就。

第二节　悠悠长城凝聚民族力量

在世界四大文明古国中，只有古代中国和古罗马有修建长城的历史，然而罗马长城在修建之后不久就随着罗马文明的消亡而废弃，而中国的长城在修建后屹立了 2000 多年，直至今日。在孕育中华文明的这块大陆的古代历史上，游牧民族的侵袭一直是历代王朝统治者的噩梦。如果没有长城的存在，如果后世的人们没有持续不断地修筑长城，中原文明的发展也许会在游牧民族的不断冲击下最终改变方向。可以说，长城在中国文明史乃至世界文明史上都是独特而耀眼的存在。时至今日，宛如巨龙的长城已然成为一张代表中国文化和精神的独特而耀眼的名片。

一、长城的起源

长城的起源一直是学术界长期争论的问题。明末清初学者顾炎武在《日知录·卷三十一》中写道：“春秋之世，田有封洫，故随地可以设关。而阡陌之间，一纵一横，亦非戎车之利也。观国佐之对晋人则可知矣。至于战国，井田始废，而车变为骑，于是寇钞易而防守难，不得已而有长城之筑。”按照顾炎武的说法，长城的起源与井田制的破坏有关。战国以前的井田有沟有阡陌，对战车的前行产生了阻碍。战国时期废掉井田制后，为了扩大耕作面积，统治者下令将沟和阡陌都填平。这样一来，战车在大地上纵横驰骋、横行无阻，敌国间变得易攻不易守。为了阻挡敌国的战车，列国纷纷在边境修筑长城。

此外，关于长城的起源还有“楚方城”说、“列城”说、“堤防”说和“封”说等。这些学说都强调，无论是为了满足军事防御需求还是政治统治需求，长城的出现都是适应国家发展的。

追溯到长城最早的雏形——西周烽火台的修建，我们可以看到其背后的动因主要还是军事防御的需求。

在孕育华夏文明的这片土地四周，东南为汪洋，西南为重山，在古代很难被大规模入侵，只有北方平坦开阔，一马平川的地势尤其适合高机动性的骑兵作战，这就为游牧民族南下中原发动战争提供了可能性。从必要性的角度来讲，越往北的地方物产越贫瘠，气候也越不适宜人类居住。这就为逐水草而居的游牧民族南下躲避严寒和饥饿，追求更丰饶的生活环境提供了充足动因。这些因素共同导致北方成为战争的多发地。而对于当时已经衰微、无力扫平北方威胁的西周王室来说，游牧民族骑兵来去如风的千里奔袭成为了最大的困扰。这种情况下，在北方游牧民族入侵的沿途地带建立起一套能够迅速传递敌方军事动向信息的情报网，从而能及时进行有针对性的部署和应对便成为了当务之急。从这个角度讲，烽火台的出现是必然的。零星散落的烽火台虽然不能起到很好的直接防御作用，但它对敌方军事行动的预警相当于在功能上建立了一道北方屏障。这种功能上的意义与后来逐渐完备的长城防御系统在本质上其实是相通的。

到春秋战国时期，真正能起到直接防御作用而不仅仅具有预警功能的长城开始出现。这一过程是伴随着“城墙”这个概念的延伸而来的。

在古代汉语中，“城”的本义是一种具有防卫性质的墙垣。古代城邑的防卫设施大多是一圈完整的土墙，部分也用河岸代替。需要强调的是，在中国古代，城的作用是双重的——对外用于防御外来入侵，对内用于防范城市居民暴动。所以，城墙的出现与战争是密切相关的。春秋战国时期，“城墙”的概念从小的聚落延伸到大的国家：每个诸侯国均由城墙围起，统治者在这样一个封闭的空间里行使自己的权力。将国土围起来的城墙，对外来说起到了防御别国军事入侵的作用，对内来说有利于当权者对国家的统治。从这点看来，长城和城墙的防御意义是一致的。

作为城墙的延伸，长城自然需要有更加完备的设施和更加立体的功能才能承担起防卫国土的重要任务。正如有学者在《中国军事史·兵垒》中提出的，“在出现线性筑城阵地的同时，有的国家，如齐、楚等，开始逐步用墙将这些边境城堡连接起来，形成了长城。”从春秋开始，各诸侯国出于军事防御目的都曾据险要之地设关隘、筑长城以卫疆土。如齐国在今山东黄河东岸平阴至诸城一带，为防御楚国而修筑了齐长城；秦国从昭王开始构筑长城并设关以守，同时还利用秦岭等天然分界，在陕、豫交界之地设武关……这些都是据隘筑关以防不测的范例。可以看出春秋战国时期的诸侯国修建长城有两个目的：一是为了防御邻国，二是为了抵御强大的游牧民族匈奴。依此我们可以将春秋战国的长城分为“诸侯互防长城”和“拒胡长城”两类。

如果说长城的修筑时间最早可以追溯到西周时期，“长城”一词的文字记录最早可以追溯到战国文献，那么长城在事实上成为中原王朝北部边境的重要军事防御体系，是从秦朝开始的。

秦灭六国统一华夏之后，秦始皇为防止六国残余势力的盘踞和反抗，对之前诸侯国所设的关隘堡垒加以平毁，但保留了北部沿边燕、赵等地的旧长城，并将之与新筑长城连为一体。经过漫长时光的修建，长城总长度最终超过万里，这座气魄雄伟的建筑从此屹立在王朝疆域的北部边境，历经千百年，直到明清时期，依然是中原王朝驻军卫护的重要屏障。

二、长城的意义

长城东西绵延数千千米，横跨甘肃、宁夏、青海、新疆、内蒙古、陕西、山西、河南、河北、北京、天津、山东、辽宁、吉林、黑龙江15个省（直辖市、自治区）404个县（市、区）。如此大的地域跨度使得长城在中国历史上具有非常重要的经济、文化、社会意义。

从建筑本身的角度讲，长城无疑是中国古代建筑史上的杰作，其中凝结着千百年来劳动人民的智慧和血汗，集中反映了中国古建筑的光辉成就。在某种意义上，整个长城的修建史，就是一部中国古代建筑发展史的缩影。

从秦朝开始，人们在修筑长城的时候就总结出“因地形，用险制塞”的经验，这条原则在之后的2000多年间一直得到遵循。此外，在漫长的长城修建过程中，人们也总结出了极为丰富而有效的建筑经验。如汉长城建在沙漠地区的部分，因缺少砖石，便以当地出产的砾石和红柳为建筑材料，充分发挥砾石的抗压性能和柳枝的牵拉性能，这两种材料结合砌筑出了非常坚固的城体，即使经历2000多年的沧桑，不少地段也仍然屹立不倒。在西北黄土高原地区，长城则大多用夯土夯筑或土坯垒砌，其坚固程度不亚于砖石。到明代，修筑长城则以石砌筑和砖石混合砌筑的方法为主，墙身表面用条石或砖块砌筑，再用纯白灰浆填缝，这让墙体平整严实，草根、树根很难在其上生长；墙顶还设计有排水沟，用以排出雨水保护墙身。今天我们看到的蜿蜒万里、翻山越岭的长城，穿沙漠、过草原、越绝壁、跨河流，其所经之处地形之复杂、结构之奇特，在古代建筑工程史上可谓一大奇观。而这样的奇观能穿越2000多年的时间风尘，直到今天依然屹立不倒，不论在中国建筑史上还是在世界建筑史上，都称得上无法复制的奇迹。

历史的车轮滚滚向前，长城也不断经受着人世沧桑的洗礼。在这一过程中，长城的意义也不再仅仅局限于建筑的层面，更是延伸到了国家和民族文化血脉的最深处。

起初长城的修筑就是为了巩固疆土，之后借助于不断完善的筑城技术，最终形成了现代意义的长城。从春秋战国一直延续到明清，长城渐渐成为了国家疆域概念的象征。作为军事防御的“边界”，长城与国家的疆界并非完全重合，往往构筑在边界附近的本国领土之内，借助山川河流等自然天险选址和建造，不仅对整个国家的疆域起到有效的保护作用，而且促进了国民整体意识的觉醒，帮助人们形成了对国家统一和团结的认同，爱国主义的传统由此深入人心。每当国家陷入危急存亡的重要关头，总有一代代中国人不怕牺牲，抛头颅洒热血，用血肉筑起保家卫国的“新的长城”，这是对长城精神的重要诠释。

除了象征国家的统一和团结之外，长城对于周边区域社会经济的发展以及民族文化的形成、交流和融合也起到了重要的推动作用。

从历史发展来看，长城是北方游牧生活区和中原农耕生活区的分界线。游牧民族的部落是亦兵亦民的集群社会组织，很容易形成相对于农耕区的军事优势，游牧民族的骑兵进入农耕区掠夺往往会给当地百姓造成极大破坏。长城的修筑便起到了把农耕区和游牧区隔离开来的作用，很好地抵御了游牧民族的侵犯，保护了中原地区的农业经济和生产方式。

自秦汉至明，中原地区的历代统治者大多借助农业社会的强大组织力量修筑长城，除此之外还大规模向长城带沿线移民、修筑交通通道、开拓边疆新区域，从而促进了中原地区经济文化的发展。长城作为军事的分界线维持了长城内外的长久和平，有效减少了战争和混乱局面的发生，这使得长城沿线的边境地区形成了诸多规范而繁荣的贸易场所，许多关口成为农、牧两大经济类型之间交易的场所或中心，长城沿线一带也因此形成了农耕和游牧兼备的、较为完整且独立的经济体系。可见，长城既保证了农耕区与游牧区经济文化的正常发展，又为二者的交流提供了方便，并且在其中起着调解作用，为双方和平相处提供了重要保障。

中国古代农耕区与游牧区的关系集中表现于长城一线，无论是民族间的联合与交流还是斗争都沿长城一线展开。在长城的保护下，汉民族的凝聚力和认同感得到加强。在民族冲突的过程中，不同民族文化的有益成分得到了交流和融合，本来敌对的双方都通过吸收对方的营养得到了进一步的发展，并最终形成了新的民族实体。而长城正是这一过程的重要见证者，可以说长城对整个中华民族的形成与发展都起着十分重要的作用。

第三节　爱护长城，功在千秋

长城是世界上最伟大的古代建筑之一，是中华民族的骄傲与象征。在万里长城中蕴藏着中华民族2000多年光辉灿烂的文化艺术内涵，如长城本身的建筑艺术，城墙、关城、敌楼、烽火台等的建筑布局、造型，建筑上的雕刻、绘画装饰，以及无数帝王将相、文人骚客和普通百姓留下的关于长城的诗词歌赋、民间文学等。

» 残破的长城

在古代，长城既是国家抵御侵略、保疆卫土的重要设施，也是文化、商贸繁盛之地。它凝聚了中华民族的智慧与勤劳，是我国历史的丰碑。在现代，虽然长城已经失去了昔日的军事作用，但它的雄伟壮丽不断吸引着世界各国的游人前来观光，推动了我国旅游事业的发展，对弘扬中华民族悠久的历史文化、促进对外文化交流都起到了积极的作用。但一方面长城千年来一直裸露在外，自然界的各种力量不断侵蚀着长城，给长城造成了巨大的破坏；一方面，旅游业的蓬勃发展也给长城带来了人为的破坏。长城是我国重要的历史遗迹，具有珍贵的价值和重大的意义。保护长城刻不容缓，需要我们的共同努力。

一、长城面临的问题

1. 自然环境的破坏

古往今来，长城的巍峨壮阔以及包含在其中的中国古代人民的建筑才能和军事谋略都让世人为之折服。但在时间的冲刷之下，长城也不断经历着残破乃至消逝的过程。明朝之前的长城建筑材料往往十分简单，在平原地区使用黄土夯筑，在山区则用碎石。用巨型条石构筑城基、用砖包砌城墙均是到明朝时才在较大范围内实现的，而且由于成本高、建筑难度大，此法往往只用于重要关隘以及关城。如今我们看到的长城虽饱经岁月风霜依旧巍然屹立，但事实上并没有我们想象的那么坚不可摧，众多区域生态问题都对长城产生了重大威胁。

在影响区域生态环境的多种自然力中，对长城造成的破坏最大的是水患、地震和风沙，其次是雷击和植物根系。

长期的雨水冲刷对土筑长城造成的破坏最为严重，它会造成长城部分墙体土质松动，水土流失严重，到后来往往会导致长城的坍塌。这类现象多发生在山西、陕西、宁夏和甘肃地区。

北方长城多修建在地震带上，当地震发生时，这一带的长城往往会受到极

» 甘肃汉长城遗址

大程度的损害。

风沙对长城的影响也十分严重，陕西、宁夏的大段长城被风沙侵蚀，如今那些处于雅丹地貌中的汉长城遗迹便是最好的证明。

另外，一些高处的烽火台有时会被雷电击中，轻则有所损伤，严重的则直接被击垮。

就连我们很容易忽略的弱小的植物，如果把根扎到了墙基深处，也会导致城墙松垮，对长城造成极大的破坏。

2. 商业模式下的不当开发

联合国教科文组织文化遗产保护专家杜晓帆先生曾将某些遗产的处境做了个比喻：“就像一位风烛残年的老人，被逼着乔装打扮出去赚钱。”

长城是中国乃至世界文化的遗作。当今时代，利用这种具有历史内涵的建筑进行商业模式的开发使得长城遍体鳞伤。长城旅游公路沿线的各级政府往往在没有经过审批又没有相应配套保护规划和制定规范的管理措施及技术指导下，与个人、集体、旅游部门一起开发长城旅游事业，造成对长城的无序开发且缺乏有效管理的混乱局面。最后不仅当地群众和政府没有收到预期的经济效益，

» 长城城墙上的游客刻字

长城也遭到了严重的破坏。如一些地区，在开发中将原先的土筑长城改建为砖砌长城，破坏了土筑长城的原貌。为了吸引游客，经营者甚至在长城上以及长城保护区和建设控制地带修建了索道、滑道、卡丁车场、射箭场等游乐场所以及大量旅游服务设施。

由于长城大多分布在山地、荒漠、草原等地质条件较为恶劣的地区，且多数为土质、木质或较为松散的石质结构，因此在成百上千年的历史过程中不少地段已然残损。20 世纪七八十年代，长城旅游初步兴起时，各个长城景区普遍遭遇了一次“毁容”高峰。近年来，随着旅游管理的加强和游客素质的提高，刻字破坏行为有所减少，但仍然存在。北京、河北境内的长城多为砖石砌筑，是明长城迄今保存最为完整的精华地段。随着旅游开发的地段越来越多，这一段长城遭人为破坏的情形也日益严重。根据中国长城学会 2002 年组织的长城万里行考察结果，不算整修不久的丹东虎山长城，从传统的明长城起点山海关老龙头长城到金山岭长城、司马台长城、慕田峪长城、八达岭长城、居庸关长城，人为破坏的情况不同程度地存在着。在不破坏墙体的前提下去除刻痕是相当困难的。以往的长城修缮中，遇到砖石残缺的地方是采用剔补的方法，即把残缺处的碎砖石剔掉，用传统工料填补。然而这种细致的修复对城砖表面刻痕是否适用，还从未尝试过。这种对长城造成的难以修复的人为破坏，实在是令人痛心！

二、长城的保护

长城是中华民族的象征。2000 多年来，长城在政治、经济、文化等方面产生的积极效应与长城雄伟壮丽的景观所激发出的豪情斗志完美和谐地融为一体。上下五千年，纵横十万里，长城精神最终积淀熔铸成为热爱祖国、维护统一、勤奋智慧、坚忍刚毅、开放交流、开拓进取、充满向心力和凝聚力的民族精神。保护长城，正是用实践来发扬民族精神的体现。

自然的侵蚀、战争的洗礼、人为的破坏使长城伤痕累累。多年来，不少地方政府尤其是文保部门，在严格执法、设立长城保护员、修缮濒危长城等方面做出了巨大努力。

目前，涉及长城保护的法律法规主要有《中华人民共和国文物保护法》（以下简称《文物保护法》）、《中华人民共和国文物保护法实施条例》等；地方

» 保护长城指示牌

性法规有《北京市长城保护管理办法》等。《文物保护法》及其他文物保护的相关法规虽然不能完全涵盖长城的特殊性，但对长城保护工作应具有法律约束力。2006 年 9 月，国务院常务会议审议并通过了《长城保护条例》，并自 2006 年 12 月 1 日起施行，这对长城保护具有重要意义。

尽管各地已颁布地方性法规或规范性文件，并完成了相当一部分长城保护区域的划定工作，但与长城巨大的体量和保护需求相比，仍有很大不足。加之长城沿线多是经济欠发达地区，保护力量相对较弱，这使得长城的保护依然困难重重，任重而道远。

一方面，保护长城不能只寄希望于人们的自觉。长城是特殊且宏大的建筑，它无法被封装保护，所以在完善相关保护法律的同时，更需要广大人民共同参与到保护长城的工作中。我们可通过报纸、电影、电视等媒体途径宣扬保护长城的意义和价值，引起人民群众和社会各界对保护长城的重视，号召民众不乱攀爬、不刻画、不乱丢垃圾，动员长城沿线乃至全社会的广大群众成为长城的保护者。

另一方面，长城保护应与经济发展并行。沿长城地区是我国少数民族最集中的地区之一，也是我国经济发展较为不平衡的区域。解决好长城沿线地区经济均衡协同发展的问题，具有很大的经济意义、政治意义和社会意义。可以说长城是维护民族团结和社会稳定的一个纽带。但因长城的历史价值远大于经济价值，在长城的开发过程中更需慎重，应在满足不破坏、不影响长城保护以及生态环境的情况下进行适度开发：要注意保护长城周边生态环境，植树造林；杜绝人为的对生态环境的破坏行为；对破坏严重的长城部位进行抢救性的保护和修复；对具有较大历史考古价值的砖窑或石料生产场所进行原址恢复或修复。这对于研究长城的建筑史以及中国的古代建筑技术都具有不可估量的意义。

第二章 沧海桑田 长城犹存

长城作为中国古代为抵御北方游牧民族侵扰而修筑的规模浩大的军事工程，其历史最早可追溯到西周时期。三千年来朝代更替，但长城的修筑从未中断。长城是中华民族意志、勇气和力量的象征，了解长城的历史，有助于我们感受中华民族的智慧和创造能力，感受人类的坚强意志和雄伟气魄。

第一节　烽燧初现，长城始见

今天当我们游览雄伟壮观的万里长城时，随着山势的起伏，我们依然可以看到在一些制高点上修建的形似碉堡的方形建筑，那就是烽火台。烽火台负责传递信息，白天放烟称作“燧”，夜间举火称为“烽”。烽与燧置于一连串的烽火台上，绵延传递，以此通知远方各诸侯前来援助。这段历史最早可以追溯到西周时期。相传，骊山烽火台就是周幽王烽火戏诸侯的地方。

一、西周烽火台

公元前 1046 年，来自西部的周族依靠武力结束了中国第一个有文字记载的王朝——商的统治，在渭水河谷间建立起来一个称为周的王朝。周王朝的统治者将自己称为天子，将土地分封给王室成员来维护自己的统治。这种土地的分封赋予了这个政权等级从属关系的意义，也赋予了诸侯守卫天子的职责，使周王室处于众星拱月般的地位。此后的 200 年间，西周的统治逐渐扩展到中国的黄河和长江流域。这些地方人口开始变得稠密，财富大量聚集，青铜锻造的技艺变得成熟，城市成为农耕区的中心。随着农耕区的不断向北扩展，农耕政权面前出现了一片陌生的土地，就是北方的草原。

随着历史上气候温暖期的到来，周天子统治地区的农耕经济和语言文化都发展到了更高的水平，这样的沃土注定成为游牧民族争夺的对象。周朝也开始逐步加强防御。周王朝的西边，有一支生活在泾渭流域（今陕西省彬县、岐山一带），以游牧为主要生产方式的部族——犬戎。草原的生存压力迫使犬戎向农耕区寻找生存机会，小范围的袭击给周天子统治的地区带来了巨大的压力，不断加强军事防御成为维护统治的重要措施。于是在西周时期，一种叫作烽火台的信息传递系统出现了。这就是今天长城的雏形。

» 骊山烽火台

为了巩固王朝的统治，周王室在都城镐京附近的骊山上，每隔一段就设置一座高高耸立的烽火台。烽火台建在高处，中间放置柴草和狼粪，有专人看管。台上同时设有大鼓，敲击起来声音洪亮而且能传得很远。在周幽王时期，烽火传讯已经有了一整套较为成熟的制度，烟柱数量的不同与火炬的升降和摇摆，都能传达出不同的信息。

周王朝规定，一旦发现戎狄部落入侵或者有其他军事情况需要紧急救援时，如果是白天，烽火台上就燃起浓烟，若是夜晚便燃起大火。邻近的烽火台看到烟火，知道有紧急情况，也马上跟着燃放烟火。同时，烽火台还要敲起大鼓，附近的烽火台听到鼓声也立刻响应，以一传十，以十传百。四周各诸侯国看到烟火，听到鼓声，便能即刻出兵，赶赴都城营救。当出现紧急的军事情况时，如果哪一个烽火台没有燃放烟火或敲击大鼓，又或者哪一个诸侯看到或听到消息但没有出兵救援，便会受到严厉的惩罚。

然而这一看似十分有效的军事屏障在历史上并没有发挥长久的作用。周幽王的昏庸无能使这项伟大工程形同虚设。周幽王统治时期，整个西周的统治已经走到末期。他为了赢得宠妃褒姒的一笑，在烽火台点燃烽火戏弄守卫周王室的诸侯国，耗尽了诸侯对周王室的忠心，引起了诸侯的普遍厌恶和反对。最终，西周政权在犬戎及部分诸侯的联合攻

» 褒姒雕像

击下宣告灭亡，王朝积累下的财富也被掠夺一空。这是中国历史上第一次中央王朝在游牧民族的袭扰下遭到颠覆。

但西周的灭亡并不意味着以烽火通报军情的历史就此终结。相反，在以后的历朝历代中，烽火台的建设规模不断扩大。唐代诗人李益就曾对当时烽火台的规模进行过真实的描述：“烽火高飞百尺台，黄昏遥自碛西来。”唐代烽火台的盛大规模可见一斑。

西周灭亡之后，周幽王之子周平王选择东迁国都。随着周平王的东迁，周朝的统治开始衰落，分封的诸侯国日益强大起来，长城的历史也进入了一个新的时代。

二、春秋战国长城

春秋战国是中国历史上持续时间较久的一个时代，也有不少学者将两者合称为东周。“春秋”一名来源于鲁国国史《春秋》一书，现代学者也多借用《史记·六国年表》中的观点把周平王元年即公元前 770 年作为春秋时期的起点，而把公元前 475 年作为战国之始。

春秋战国时期也是中国历史政权割据状况极为严重的时期。随着周王室的衰落，奴隶制开始瓦解，封建制度逐渐兴起，各诸侯根据国情先后进行了不同程度的改革。经济政治上的繁荣推动了各国军事力量的逐渐强大，历史上长达几百年的大规模兼并战争开始如火如荼地展开。诸侯国之间、北方诸侯国与游牧部族之间战争不断，各诸侯国为了增强本国的军事防御能力，纷纷启动了一项浩大的工程——修建长城。对于这一场由分裂走向统一的兼并战争而言，长城不仅仅是一个见证者，更是胜败的关键。

公元前 770 年，周平王将周朝都城从西边的镐京（今陕西西安西南）迁到东边的雒邑（今河南洛阳）。随着周平王的东迁，周朝统治开始衰落，东迁后的周王室开始陷入十分困窘的境地：在经济上，周王室失去了昔日关中王畿的支持，只能依靠郑国的支持来维持统治；在政治上，西周时形成的众星拱月般的统治格局也逐渐破灭。公元前 707 年，周桓王亲自率领军队讨伐郑国。结果王师大败，周桓王自己也在战争中受伤。自此，周天子彻底威信扫地，诸侯们不再定期向天子朝觐、纳贡、述职。

伴随着王室的衰微，诸侯国开始强盛。古人云："春秋无义战。"战争成为这一时代的主旋律，各国诸侯争当霸主，争霸战争此起彼伏。在此背景下，春秋五霸逐一登场。各诸侯国实力不断增强，相互之间战争不断，以期可以"挟天子以令诸侯"。伴随着明显兼并倾向的称霸战争愈演愈烈，为了防御周边诸侯国，楚国最早修筑了防御别国入侵的"楚方城"，《左传》多次记载了攻打楚国的诸侯国被方城阻挡而回的情况。

公元前 475 年，周元王即位，战国时期由此开始。在这个时期，步骑兵协同作战的手段逐渐代替了原来的车战，骑兵开始作为独立的兵种出现在战场上，战争的机动性整体加强。在这种情况下，原有的孤立城池已经难以有效防御敌国的侵袭，长城这种新型防御工程便应运而生，而"诸侯互防长城"和"拒胡长城"成为这一时期的最大特色。

» 周平王雕像

» 楚长城遗址

很多学者认为楚长城是春秋时期最早的长城。楚长城作为楚国防御设施，是根据战争的发展和自身所处局势而布局的，往往因地制宜，就地取材，或靠山或依水，或土筑或石筑，或聚拢或分散，或重叠设障或单线面敌。总体来说，楚长城虽然修建年代久远，但是仍有其独特的色彩。

楚国本是周朝时期南方的一个异姓封国，其国君爵位为四等的“子”，所以称为“楚子”。按照周礼，“诸子之地，封疆方二百里，其食者四之一。”楚国国君不满意这样的分封，到春秋时期便开始发动战争开疆拓土。在楚国向北方拓展领土的过程中，日益强大的齐国对楚国构成了巨大威胁。楚文王便决定于都城郢都（今属湖北荆州市）西北、东北部修建军事工程，以加强楚国的防御体系，抵挡秦、晋、齐等诸侯国的进攻。

修筑防御体系，地势的选择是至关重要的。经过楚文王与大臣的讨论，一条以方城邑（今河南省叶县保安乡前古城村）为关城、连接伏牛山脉和桐柏山脉的长城开始修筑。这便是中国最早的长城。随着战争的加剧，楚人将城墙和关城向两边山地延伸，形成大规模的军事防御工程，即开始修建“列城”。列城的主要修筑材料为土、石等，在有土的地方取土而建，无土的地方则垒石为固。

作为楚国大规模的军事战略防御工程，楚长城既继承了史前防御工程的特点，又占据了天然的地理优势，成为楚国称霸一时的关键因素之一。它不仅帮助楚国抵挡住了其他诸侯国的征讨，也为楚国先后兼并一众小诸侯国提供了牢靠的后方保障。

楚长城不是一次两次筑成的，而是在战争中不断修筑、延伸而成的。整个楚长城多建于地势险要处，“用险制塞”是楚长城最大的特色。到战国后期，楚国国势日衰，尤其是到了楚怀王中后期，楚国北境经常受到来自邻国的侵扰。此时通过变法而逐渐强盛起来的秦国开始大规模伐楚。为了防秦，楚国开始在西部地势险要的地段修筑长城。该段长城的修筑使得楚国暂时维持住了西部的稳定局面，但是并没有为楚国带来永久的安宁。随着秦国的不断强大和楚国统治者的日益腐败，公元前 223 年，秦国大将王翦、蒙武伐楚，一路攻进楚国国都寿春（今安徽寿县），楚王负刍被俘。至此，楚国宣告灭亡。

楚长城的修筑为诸侯国打开了构筑防御工事的新大门。由此开始，在边境线修筑长城防御线的措施为齐、秦、赵、燕各诸侯国争相效仿。

» 齐长城遗址

» 齐长城城楼

齐国也是周初分封的诸侯国。经过西周时的经营与春秋时的管仲改革，齐国凭借雄厚的物资和军事实力，先后兼并了周边的小诸侯国，地域范围不断扩大。公元前 682 年，周庄王逝世，釐王继位。齐桓公想趁着吊贺之机树立权威，于是便召集诸侯并订立规矩。“春秋五霸”的局面由此拉开序幕。

为了增强国防能力以防御别国的入侵，齐国也较早地修建了长城。史籍虽未明确记载齐国长城的修建时间，但记录了一些防御工事。可以推测，齐长城最迟在公元前 5 世纪就已经存在了。公元前 350 年，齐威王“筑防以为长城”。在其子齐宣王时期（前 319—前 301），齐长城已经是“东至海，西至济州千余里”，起伏于泰沂山脉中。

今莱芜、泰安等地均可见齐长城遗址，残高 1~4 米不等，其建筑方法主要有土筑和石砌两种，平原低谷地段为黄土夯筑，山岭或产石地区为石块垒砌。齐长城沿线修筑了众多关隘、城堡和烽火台，构成了一个完整的军事防御体系。齐长城犹如一道坚固的屏障，横卧于齐国边境，使得齐国更为放心地发起大规模的兼并战争，对齐国在春秋时期的霸主地位的奠定起到了不可忽视的作用。

与齐国和楚国不同，秦、赵、燕由于其疆域边界地理位置的原因，修筑长城的目的更多侧重于防御北方游牧民族势力的入侵。

秦国从商鞅变法后国力逐渐变得强大，但诸多游牧民族势力尤其是秦国西北部的义渠戎依然威胁着秦国的政权。公元前272年秦昭王灭义渠之后，匈奴

» 战国秦长城遗址

» 赵武灵王雕像

的兴起又成为了新的隐患。在长期的征战中，秦昭王意识到修筑长城防御工事的重要性。为防御匈奴南下侵扰，一条依据山势、连山越水的坚固的军事防御线在西部黄土高原上修筑起来。这条长城起于今甘肃省临洮县，向东直抵黄河西岸。虽然这段长城没有避免战国时期长城墙体连续性较差的通病，但在秦始皇万里长城出现之前，秦昭王长城一直是秦国与西北诸邻的分界。不可否认的是，秦昭王长城在历史上发挥过重要的作用，甚至到汉朝时，秦昭王长城依旧承担着自己最初的使命。

赵国一开始也是比较弱小的国家，在战争中多次惨败，向南发展受到魏国的遏制，北方又受到游牧民族的威胁。为了提高军力，赵武灵王决定向胡人学习，即所谓的“胡服骑射”。随后赵国渐渐强大起来，占据了北方的大片领土。

战争的胜利使赵武灵王有了更大的野心。为了守卫征得的土地，赵武灵王开始修筑长城。赵长城起点在“代”，即今河北省西北部的蔚县，西经山西省雁北地区入内蒙古，沿着阴山山脉的主体大青山的南麓向

» 胡服骑射雕像

» 赵长城遗迹

西，至临河区东北的两狼山口即高阙塞，因位于赵国北境，固也称“赵北长城”。从遗迹来看，赵武灵王这段长城充分利用并发挥了天然地理优势，时而以山陵为屏障，时而又穿入深山峡谷之中，逶迤曲折，甚为壮观。这段长城的修筑也使得赵国在战斗力提升的基础上有了新的保护伞。仅用数年时间，赵国就成了中原最强大的诸侯国和强秦的最大对手。

与赵国修长城之前的境况类似，战国时期的燕国作为最北的诸侯国，也处在一个南北腹背受敌的位置：北面常常有强族东胡侵扰，南面亦常常遭受齐、赵等国的进攻与侵略。燕国是战国七雄中最国小力薄的一个，面对这种弱肉强食的生存环境，修筑长城成为了这个边陲之国军事防御的必要措施。燕国分别以易水和燕山为依托，共筑有南北两道长城。以此为保障，燕国得到了迅速的发展，幅员一跃超过赵、齐等国，仅次于秦、楚，在列国中位居第三。但是燕国的强盛局面并没有维持多久，到了战国末期，这个曾经强盛一时的诸侯国逐渐衰落，最终也走向了灭亡。

三、万里长城初现

公元前 246 年，13 岁的嬴政成为秦国新一任国君。公元前 221 年，秦王嬴政终于完成了统一大业。一个年轻的统一帝国自此登上了历史舞台，嬴政希望自己新建的王朝能够千秋万世。

然而此时，头曼单于统治下的北方游牧民族——匈奴成为秦王朝强有力的威胁。在匈奴人的不断进攻下，秦始皇决定重建北部边境秩序，这项史无前例的修建长城的工程便开启了。曾经为秦国立下赫赫战功的大将蒙恬成为了这项工程的主要负责人。

公元前 215 年，蒙恬率领 30 万秦军北击匈奴，并最终占领了河南地（今内蒙古河套一带）。此时，蒙恬接到了始皇帝从都城咸阳发出的修建长城的命令。这道将要建造的长城与重新修缮的秦、赵、燕长城一起在秦帝国的农业经济区与北部的游牧经济区之间将划出一道坚固的地理界线。除了利用秦、赵、燕等国长城外，蒙恬的主要工作是在阴山地区修建新的长城，这是一项规模空前而

» 秦长城遗址

困难重重的国家工程。

第一个困难就是在这茫茫群山中选择合适的地点来修建长城。长城的走向根据地形而设计，在地势险要的地方建造关城来驻扎部队。但是要知道地形的走势以及何处为地势险要之地，就需要仔细进行实地勘测。这是一项极其艰难复杂的工程。为了完成这次测绘，士兵们通过实地测量，根据一定的比例将秦帝国北部的地形地貌缩小到木板之上，蒙恬则据此进行长城修建方案的规划。每一条河流的转弯，每一道山势的走向，每一个重要的方位，都被标注了出来。在匈奴有可能出现的每一个需要据守的山口，也都刻下关城、烽燧和要塞的标志。以此为基础，蒙恬为将要修建的万里长城提供了绝佳的设计草稿。

» 蒙恬督建长城浮雕

第二个困难是征集大量的劳力来修建这一庞大的国家工程。蒙恬拥有的最可靠的队伍是刚刚击退匈奴的 30 万秦军将士。然而对于万里长城的修建来说，人手显然还远远不够。除了士兵，朝廷可掌控的修筑长城的劳动力就是发配充军的犯人。据《史记 · 秦始皇本纪》记载，民间私藏《诗》《书》以及诸子百家著作并且在令下三十日内不将其焚毁的人，会被“黥为城旦”。“城旦”就是指送去修筑长城的犯人，罚期四年，“昼日伺寇虏，夜暮筑长城”。

第三个困难则是合理组织分配这些数量庞大的劳动力。蒙恬要根据劳动力来源、工程规模以及难易程度等诸多因素，将这些劳动力合理分配在长达万余里的长城修筑战线上。数量如此庞大的劳动人群来自五湖四海又远离家乡，长城的修筑又是一项长期而艰苦的大型工程，那么如何妥善地组织以及管理呢？蒙恬采取的是分段分组完成的方法，每一组民工中选择一个比较有能力和见识的人来负责管理。这样的分配与管理制度，对万里长城的修筑完成，起到了事半功倍的效果。

长城的建筑基本上依托阴山山脉，主要构筑方法是用石块垒砌，主要的建筑材料来源为就近取材。蒙恬带领着工人把附近的山石一块块切割下来，然后在指定位置垒砌起来。沿长城内外，在连绵的山巅上，用石块垒成供传递军情用的烽燧，山谷间的通道则构筑成障。只用了约 5 年时间，蒙恬便带着士兵和劳役们完成了西起甘肃临洮、东段延伸到辽东半岛以东的万里长城的修建、连接和增补。

与此同时，蒙恬还夯筑了一系列烽火台以及障塞。万里长城一线，每隔一两千米就有一个烽火台（又称烽火亭），大多设在视野宽广的山巅。在重要的山口和关隘处往往建有城障，是附属于长城的军事城堡。这样，亭、障、城组

» 陕西咸阳的秦直道遗址

成了长城驻军的三级军事建制，成为了长城系统的重要组成部分。有了这些设施，秦始皇长城的防御作用得到充分的发挥，形成了极具纵深的防御体系。

其后不久，秦始皇在帝国都城咸阳与北部长城之间修筑了交通干道秦直道，为秦国迅速投放军队、及时输送粮草提供了最有力的保障。这条高速通道与秦长城一起构成了秦王朝的防御体系。

但是如此强有力的防御体系并没有使这位始皇帝创立的帝国延续千秋万代。秦的暴政和农民起义加速了秦朝的灭亡，匈奴也向南越过了秦始皇修筑的万里长城。最终，这个王朝仅经过短短的 15 年便覆灭了。在北方边境，长城像一座巨大而孤独的界碑躺在帝国曾经的防御线上，悼念着始皇帝未完的梦想以及自己没有完成的防御使命。

第二节　朝代更迭，长城未断

汉朝是继秦朝之后第二个修筑长城达万里的朝代。从南北朝时期，先后统治我国北部的北魏、东魏、北齐、北周以及后来的辽、金、元等少数民族的统治者，为了防止其他少数民族的侵扰，不断修筑长城。频发的战争更加彰显了长城这一军事防御体系的重要性。因而，修筑长城也成为了这一历史时期内各个朝代建立或加固防御体系的必要举措。

一、汉为防匈奴建长城

汉高帝五年（前 202），刘邦在山东定陶登基称帝，随后迁都长安，建立了汉朝。此时，帝国北部长城沿线的草原上，头曼单于的儿子冒顿单于也已经实现了一统匈奴的局面。刚登基的汉高祖刘邦不仅要改变国内百废待兴的局面，更要应对来自匈奴的袭击。汉高帝七年（前 200），刘邦亲率的 32 万大军被匈奴围困于白登山（今山西省大同市东北）。经历了白登之围后，刘邦认识到这个初生王朝的实力并不足以支持用武力来解决与匈奴之间的争端。曾经在白登之围中卓有远见的刘敬提出了以和亲来缓解汉匈矛盾的方法，得到了刘邦的认可。而对于冒顿单于来说，大量的财富和尊贵的汉朝公主对匈奴有百利而无一害。故而，冒顿同意和亲。此后在惠帝、吕后、文帝和景帝掌权的 50 多年间，和亲政策成为了汉朝笼络匈奴、维护边境安宁的主要手段。

汉王朝建立之初的半个多世纪里，匈奴的军事实力比汉朝强大。直至汉武帝之前，汉王朝都未曾修筑过长城，秦长城在汉朝前期一直发挥着重要的军事防御作用。由于和亲政策成为汉初解决与匈奴矛盾的主要方式，汉朝的公主和大量的粮食、丝绸、美酒为长城内外迎来了半个多世纪的和平，而以故塞与匈奴为边的状况一直延续到汉武帝时期。

汉景帝后元三年（前 141）正月，景帝崩逝，16 岁的刘彻登基为帝，即汉武帝。此时的汉朝刚刚经历了文景之治，帝国经济变得前所未有的富足，年轻的皇帝想要凭此创下他的祖先们未曾想象过的大事业。在雄心勃勃的少年天子眼中，他的祖先们与匈奴的交往就是一段彻头彻尾的屈辱史。珍贵的礼物、汉

» 刘邦雕像

» ［金］宫素然《明妃出塞图》

» 敦煌壁画《张骞出使西域》

朝的公主等换来的是匈奴人日益膨胀的贪欲，北部的边患成为了年轻的皇帝挥之不去的心事。

汉朝日趋强盛后，汉武帝积极地计划消除匈奴势力对北方的威胁。多方调查后，汉武帝得知西迁到葱岭以西的游牧民族大月氏是匈奴的最大仇敌，于是于建元二年（前 139）派遣张骞去西域寻找大月氏，想与之结盟对付匈奴。张骞两次出使西域，虽然没有实现与大月氏的结盟，但却打通了汉朝通往西域的道路，即有名的“丝绸之路”，为汉朝带来西域各国的使者，促进了东西文化的沟通交流。

元光二年（前 133）夏，汉武帝派马邑人聂壹引诱匈奴单于进攻马邑（今山西朔州），又命大将李广等带领军队埋伏城外，伺机一举歼灭匈奴主力。可惜的是，看似完美的计划被匈奴识破了。但是这场未发生的战争，使得匈奴和汉王朝结束了半个世纪的和平，匈奴骑兵在汉王朝北部边境的军事袭扰变得日益频繁。

元朔二年（前 127），汉匈之间展开了河南之战。汉武帝派将军卫青和李息兵分两路出击匈奴。卫青领兵出云中（今内蒙古托克托东北）之后，沿着黄河直至陇西，夺取了具有战略意义的河套平原。河套平原的收复使汉武帝意识到长城不仅仅是一道防御工程，依靠长城的军事堡垒屯田练兵，将大大增加战略纵深程度，并最终帮助汉王朝掌握战略主动权。战争结束后，汉武帝开始在河套地区修筑朔方城，设朔方郡、五原郡。之后，汉武帝还修复了秦时蒙恬所筑的边塞和沿河的防御工事。自汉武帝收复了河套平原后，阴山山脉几乎每一个山谷都修建起塞城。这些重兵把守的塞城消除了匈奴骑兵对都城长安的直接威胁，也建立起了进一步抗击匈奴的有效堡垒。

元狩二年（前 121），汉武帝发动河西之战，夺取了又一战略要地——河西走廊。此后，汉武帝依旧移民设郡，筑塞布防，并开始在河西走廊建造长城。这段长城从河西走廊到酒泉，并继续向西直到玉门关。

汉王朝的长城边塞建设工程一直持续到汉武帝暮年时期。太初四年（前 101），汉武帝又在敦煌以西修建亭隧，一直延伸到盐泽（今新疆罗布泊）。在今内蒙古包头、呼和浩特等地附近的长城沿线，还设置了许多兼有内外城的城堡。至此，汉代长城的亭障、烽隧系统已经完全建立。之后汉与匈奴虽然还有军事对抗，但战争规模较小，加上长城的守卫，匈奴已无法深入内地袭扰。

» 玉门关遗址

汉武帝在长达50多年的统治中，修建了一道东起辽东，西到盐泽的长城，并于长城沿线建造了诸多烽燧亭障。这条长城向西延伸至今天的新疆罗布泊附近，规模远在秦代长城之上，更是我国历史上修建的最长的一座长城。汉长城不仅是汉王朝坚固的军事防御体系，更为“丝绸之路”的畅通无阻提供了坚实的保障。

二、北魏为防柔然建造长城

3世纪开始，中国迎来了历史上的大分裂和割据时期。长城之外曾经丰饶的草原因寒冷和干旱而变得贫瘠、荒凉，一时间，长城内外混战不已。正当群雄逐鹿中原时，一个弱小的部族正在长城外积蓄着力量，它就是鲜卑拓跋部。匈奴衰落后，鲜卑拓跋部开始走出中国东北的原始森林，从狩猎部落开始发展为草原上的游牧民族，并逐步南迁，最终到达河套平原。年轻而有雄略的领导者拓跋珪于北魏登国元年（386）正月召开部落大会，宣布即位为代王，同年四月又改称魏王，鲜卑人开始半定居生活。然而，人民的生活依然受到干旱和寒冷的威胁，南下定居一直是他们的梦想。

为此，拓跋族加快了自己进占中原的步伐。皇始元年（396），北魏道武帝率领40余万大军大举讨伐后燕。后燕辽西王慕容农出战失败，弃城夜逃，并州（今山西大同）被攻陷。道武帝于此建台省、置百官后继续率军东进，于次年攻下后燕国都中山（今河北定州）。北魏占领了后燕的大片领土，拥有了黄河以北地区，为结束北方分裂局面奠定了基础。皇始三年（398），道武帝裁定国号为“魏”，建都平城（今山西大同东北），即皇帝位。拓跋珪建立北魏后，便开始促使拓跋部由游牧经济向农业经济转变，并通过一系列汉化改革推进了北魏封建化进程。

5世纪初，柔然首领社仑率部迁居漠北后，合并邻近诸部，创立军事编制并规定赏罚制度。这个势力日振的北部游牧政权逐渐成为北魏统治的第一心腹大患。寒冷的漠北无法放牧，粮食的短缺和生存的压力使得柔然部落不得不一次次越过北魏边境进行抢掠，甚至一度逼近北魏国都。为了保卫首都平城不受柔然侵扰，北魏初期就曾在北部沿边设置了6个军事要镇，派兵戍守。

除了设置军镇，因为此时的北魏王朝正在努力向定居农耕社会前进，所以还决定采用农耕文明政权的方法来面对北方柔然的威胁，那就是修筑长城。泰常八年（423），北魏王朝开始了长城工程的修建。这段长城从今内蒙古赤城以东的山脉向北，绕过独石口而西去，经张北、尚义、兴和、呼和浩特、包头，止于乌拉特前旗境内，东西“延袤二千余里”。

» 北魏骑兵陶俑

长城的修筑使得北

魏有了更为牢固的军事防御体系，长城作为抵御草原游牧势力的屏障，再次成为中原王朝边境稳定的强力保障。但消灭柔然仍一直是北魏新统治者的最大的心愿。长达几十年势均力敌的较量终于在北魏太武帝时有了改变，因为此时的北魏政治经济都有了长足的发展。为解除后顾之忧，太武帝开始改变以前的防御战略，对柔然进行大规模反击。经过多年的酝酿和调整，北魏终于在神䴥二年（429）大破柔然，取得了战争的胜利。

战后，柔然牟汗纥升盖可汗疾发而亡，其子吴提继立，号敕连可汗。考虑到柔然大伤元气，新可汗采取了求和政策，于神䴥四年（431）遣使朝献，延和三年（434）与北魏和亲。但没过几年，便绝和犯塞，甚至在太延五年（439）太武帝出征沮渠牧犍之时乘虚而入，一路逼近京城，平城大骇。

至太平真君年间（440—450），北魏南与刘宋政权隔河而治，西域各国定期遣使来贡，东部高丽也已臣服。北部虽还有高车，但柔然依旧是北魏统治的最大威胁。为了防止太延五年的悲剧再次重演，太平真君七年（446），太武帝拓跋焘下令修建一条新的长城，即“畿上塞围”。这段长城东起上谷（今河北省怀来东南），途经居庸关趋向西南，经今河北蔚县和涞源两县之间的黑石岭，入今山西灵丘县，又经浑源县、应县、宁武县等地，沿偏关河向西止于黄河东岸。由于工程量不大，墙体建筑较为简单，经过沧桑岁月后，这段长城的踪迹至今已难以寻觅。

三、北齐为防北周建长城

北魏 6 个军镇初建之时，因为起到拱卫首都平城的作用，地位极高，戍守兵士也多为“良家子弟”，镇将往往也升相位或者担任重要职务。但随着柔然对北魏威胁的减弱和北魏孝文帝迁都洛阳，六镇地位下降，后来逐渐荒废。到北魏末年，六镇地区爆发了起义，虽然被镇压下去，但是北魏王朝的军事力量被一再削弱，战乱中的权臣更加膨胀，长城内外在迎来 100 多年的统一后再一次走向了分裂。

永熙三年（534），北魏权臣高欢所立的皇帝北魏孝武帝元脩不愿做傀儡皇帝，西迁投靠了大都督宇文泰。高欢便在同一年拥立了北魏孝文帝元宏的曾孙、年仅 11 岁的元善见为帝。于是，北魏便同时出现了元善见和元脩两位皇帝，国家随之一分为二，称为东魏和西魏。但是东魏和西魏很快就先后被权臣所取代，演变成北齐和北周。中国黄河流域在短暂的统一后，重新陷入了混战中。

此时的北齐面临着严峻的威胁，柔然在其北侧，北周伺其西。北齐文宣帝高洋在位初期，励精图治，希望能够争霸中原。他意识到，北齐面临两面威胁，稍有不慎就会有王朝倾覆的危险。于是，他决定延续农耕王朝修长城御敌的策略。

北齐天保三年（552），为了防御北周和柔然的进攻，北齐开始修筑长城。这条长城南起汾阳西北的黄栌岭，沿着汾河西岸的吕梁山主脉逶迤向北，至五寨县城南而止，呈南北走向，即北齐的西线长城。

天保四年（553），柔然遭到突厥的袭击，归附北齐。北齐文宣帝高洋率领军队迎接柔然，并一举攻破突厥。这几次胜利使得这位皇帝深感长城对于王朝统治的重要性。为了保卫这几次战争胜利的成果，天保五年（554），文宣帝亲自去实地考察，可见其对此次修筑长城的重视。次年，北齐外线西段长城开始修筑。这段长城大体沿用了北魏泰常八年（423）修筑的从赤城到五原的长城以及其他段长城。经过一年的创建、补修，天保七年（556）完工，东起幽州北夏口（今北京昌平南口）附近的山岭，顺山势西北而去，至恒州（今山西大同市）。

北齐外线西段长城的修筑巩固了西北部边境的防御。为了进一步加强陪都晋阳北部的防御，天保七年（556），文宣帝开始了北齐内线长城的修筑，西起西河总秦戍，东达渤海湾。此段长城的修筑并非一次完成，且利用了北魏“畿上塞围”长城的西段以及东魏武定元年（543）修建的长城。至天保八年（557）时，北齐又修建了自库洛拔向东至坞纥戍的长城。据各种文献推测，此段长城

» 北齐长城遗址

» 北齐长城遗址

应该位于天保六年（555）修筑的自幽州北夏口至恒州的长城段的南部，为第二道城墙，因此被称为“重城”。因为有前代长城可供利用，内线长城很快竣工。修筑完工的长城成为北齐王朝新的依托，并为其在北伐战争中取得胜利发挥了巨大作用。

此时的北周在周武帝的治理下国力有了极大增长。为了防御日益壮大的北周，北齐开始在两国边境修筑南线长城。皇建年间（560—561），北齐孝昭帝高演诏令在洛州（今河南洛阳市东）西境修筑了一段南北走向的长堑（长城的一种特殊形态）。河清二年（563），北齐司空斛律光奉诏率五营军士重修加固了轵关长城。这段长城逶迤于今河南济源市与山西泽州县的太行山区，呈东西走向。

北齐王朝统治后期，势力逐渐衰落，已无力抵抗北部突厥势力的不断侵犯，只能选择增强北部边境的防御力量。天统元年（565），幽州刺史斛律羡为防突厥来犯，自库堆戍（今北京古北口）向东沿燕山主脉至今辽宁绥中县的海滨修筑了一段“须备不虞”的备用防线。至此，北齐长城全线竣工。

四、隋为防突厥屡建长城

北周大定元年（581）二月，北周权臣杨坚接受北周静帝的“禅让”，即位为帝，建立了隋朝，改元开皇，他就是隋文帝。自此，黄河流域重新回到汉人的统治之下。

隋文帝称帝初期，王朝仍然充斥着众多的危险因素。北周残余势力不甘于灭亡，南方后梁、陈等旧政权势力依然存在。这个初生王朝面临的最大威胁则是来自北方的突厥势力。早在北周统一黄河流域的时候，突厥就协助北齐旧部重建国家，北周只好以和亲的方式安抚突厥。隋王朝建立后，突厥可汗以北周王室女婿的身份召集北方游牧民族向篡位者杨坚发起武力征讨。面对这种威胁，隋文帝决定采用农耕文明的惯用方式——在北部边境修筑起一道长城来应对。

刚刚建立的隋王朝并没有太多可以调用的劳动力，于是有大臣提出征召当

» ［唐］阎立本《历代帝王图》中的隋文帝画像

地游牧部族的建议。万不得已，杨坚只好接受了这个建议。但是新的汉人王朝并没有在北方边境树立起足够的威信，修筑长城的工程才刚刚启动，征集到的胡人就在夜晚偷偷逃离了。隋朝的官员张贴告示，表明修筑长城可以得到丰厚的财物。于是，贪图财富的胡人重新回到了修筑工地上。然而，这些胡人显然对于修筑长城没有任何经验，只用了 20 天就修建完成了这道长城。他们只是在北齐长城的基础上将土堆到一起，用人踩马踏的方式夯成了一道土墙。对于突厥骑兵来说，这道土墙随时可以轻松跨越。

这段长城修建完成的同年年底，隋文帝又派人对魏、齐长城的东段进行了修缮。但是简单的修缮对于突厥来说，只能起到相当一般的防御效果。因此，隋文帝开始向大臣征求防御突厥的方法。谋臣长孙晟详细地分析了突厥内部的情况，提出了“远交近攻、离强合弱”的提议，主张挑拨突厥内部关系，将成为战胜突厥的秘密武器。本来就充满争斗和怀疑的突厥内部被长孙晟的离间计谋瓦解。开皇三年（583），突厥分裂为东、西两个汗国，力量大大减弱。在此后漫长的岁月中，隋王朝一直贯彻着长孙晟提出的“结交西突厥，打击东突厥”的战略。开皇五年（585），东突厥可汗沙钵略向隋朝请和称藩。从此，王朝北部边患基本消除。开皇八年（588），隋文帝决定南下灭陈，开始了统一长江流域的战争并最终取得了胜利。

» ［唐］阎立本《历代帝王图》中的隋炀帝像

王朝统一战争结束后，虽然沙钵略可汗表示臣服于隋朝，但是突厥各部的关系很复杂，彼此的争斗与联合瞬息万变。隋文帝趁着与突厥关系缓和之际，命人加固长城防御体系。不久，随着突厥内部的争斗加剧，突厥势力被多方瓦解，再也无法对隋朝构成军事威胁。隋文帝在位 23 年，曾先后 5 次下令修建长城，方位在今天的陕西省北部的神木、榆林、横山一带。这些工程大多是利用农闲季节来对前朝留下的长城进行简单修补，并非连贯的长城，而是凭险而守。在突厥势力与隋王朝的冲突过程中，这些遥相呼应的一系列城障构成的长城减弱了突厥对隋王朝的军事威胁。

仁寿四年（604），隋文帝杨坚病死，他的第二个儿子杨广成为继承者，即隋炀帝。杨广曾经先后担任并州总管、河北道行台尚书令等北部地方长官，对王朝北部的形势有着比较深刻的认识。大业三年（607），隋炀帝杨广开始北巡。在这次北巡中，突厥的启民可汗表示愿意完全臣服隋朝。这并没有使隋炀帝放松对突厥的防备，他还是希望防御的主动权掌握在自己的手中，所以长城的修建依然是必行之事。

隋炀帝在北巡前就调发百余万壮丁修筑长城。这样的征调规模是前所未有的，遭到了大臣的反对。在他们看来，长城的修筑耗费巨大，却并不是当务之急，并无益于国家的发展。但是大臣的上奏并没有影响皇帝对修建长城的热情。在隋炀帝看来，启民可汗的臣服可以将王朝统治的领域扩大到黄河河套地区，因此在当地修筑长城是必要的，不仅可以维持王朝目前的统治，还可以继续开拓疆土，并依靠启民可汗的力量征服突厥其他势力。于是榆林至紫河之间的长城修筑工程便开始了。自其完成之日起，该段长城便成为了隋炀帝继续经营周边的后方基地和抵抗突厥其他部落威胁的边防线。

综观隋代短短 38 年的历史，修筑长城次数先后达 7 次之多。这 7 次修筑的长城，基本上都是将以前长城加以修缮而已，仅有少部分为新建长城。隋长城是继汉长城后又一次于大一统帝国时期修筑的长城，在长城修筑史上具有承前启后的作用。不可否认的是，隋长城在隋王朝抵御突厥、吐谷浑等游牧势力的过程中发挥了关键作用。但是隋长城大多是对秦汉长城的修补，而且工期短，所以遗址并不多见，只是在今内蒙古自治区的鄂尔多斯境内有简单的遗迹。

隋以后，唐、宋、辽时期的统治者并不重视对长城的修筑，并未出现大规模修筑长城的现象。唐代统治者曾在北方大破突厥，其疆域西界已扩张至今中亚楚河流域，远远超出大漠，唐朝政府设安西、北庭都护府管理西北广大地区，长城完全失去了其作为边境军事防线的作用。宋朝在北部与辽、金对峙，原来的长城已处在辽、金境内，南宋时的疆域更是退到了长江以南，并将长江作为新的防线。宋王朝边境与长城的距离越来越远，便也谈不上修筑长城了。而由契丹人建立的辽国，也并不十分重视长城修筑，修筑长城的规模也极小。如辽太祖二年（908），“筑长城于镇东海口”，此段长城仅长约 6 千米。

五、金为防蒙古建长城防线

12 世纪，主要以渔猎为生的女真族兴起于我国东北地区，其首领完颜阿骨打击败了由契丹族建立的辽王朝，统一了我国的东北和华北地区，建立了金王朝。在这位新的统治者看来，如何巩固新领土、保卫新政权成为首先考虑的问题。新生的金朝面临着重重威胁，不仅有南迁的宋王朝的威胁，在金朝统治的边境还常有各部落反叛的事件发生。阿骨打意识到：前线的胜利，不等于后方的安定。想要真正实现攻宋的目的，必须加强对北方的防范。

在金“灭辽侵宋”的过程中，完颜阿骨打目睹了防止北方游牧势力南侵的古长城遗迹，包括燕赵长城、秦汉长城、北魏长城和北齐长城等。这些遗迹加深了女真人对长城防御重要性的理解，因而修筑长城也成为这个新生王朝的主要防御措施。

金正隆六年（1161），废帝完颜亮大举伐宋，完颜雍乘机在辽阳（今辽宁辽阳市）自立为帝，改元大定。即位后，金世宗完颜雍为了稳定局势，镇压北方各属部的反抗，防御契丹和蒙古等游牧部族的进攻，在北部边地开始了军事设防。虽然他令人在重要隘口便于生活和游牧的地方建造了一些边堡，但这些设施较为孤立，相互之间缺乏联系，难以构成完整的防御体系，常给入侵者造成可乘之隙。频繁被入侵促使金朝在北方边境开始大规模地构筑连亘不断的以壕、墙为主体，与边堡相结合的线式防御工程。此外，金世宗在位期间对金朝的政治、经济等多方面进行改革，使金朝的经济、文化得到了恢复与发展，迎来了金之治世。如此一来，金王朝有了更为充足的财力和物力来修筑长城。

金大定五年（1165）正月，金世宗下令刑部尚书阿勒根彦忠在泰州、临潢府两路的交界处筑立戍堡70座，屯兵1.3万人。但是阿勒根彦忠并没有完成这次长城的修筑就因病去世了。在西北和西南两路，兵部侍郎移剌按答已经修建好的堡戍，正与泰州、临潢边堡相接，从而形成了一道连贯的长城防御体系，有效地减少了入侵。

大定十年（1170），参知政事宗叙奉诏巡查北边，上奏请求营建沿边壕堑，但遭到大臣的反对而作罢。到大定十七年（1177），在金朝停止修建长城的7年后，金世宗皇帝采纳宗叙遗表中的建议，诏令东北、西北两路招讨司以及乌古里石垒部族、临潢府、泰州等地修建边堡，并表示要亲自审查。于是金朝内长

» 金东北路界壕边堡遗址

城的北线建立起来了。

大定二十一年（1181），金王朝进入了大规模修筑长城的时期。金世宗下令整改东北、临潢等路的堡戍，开壕堑，修墙垣。整修和增设后，东北路和临潢路的边堡大都沿直线排列，并迁徙部分贫困户和放良人于各堡，常驻防守。金长城和以前历代长城所修设施不同，多在墙外挖掘壕堑，所开的壕堑有时很快就会遭到风沙的湮塞而不能起到应有的作用。因此对于金长城是否能真正起到防御作用，始终有不同意见。在这种情势下，金长城的修筑常常出现兴罢交替的现象。

金章宗明昌元年（1190），金朝北部的部落相继反叛，袭扰长城南北。叛乱平息后，平叛功臣完颜襄向朝廷提出建议，请示用步卒挖壕筑障，起临潢左界北京路以作阻塞敌兵之用。开筑壕障的请求遭到了朝廷其他大臣的反对。完颜襄再次上书表明了修筑长城的好处：其一，边防稳固而戍兵可减半；其二，每年节省军费 300 万贯；其三，减少征调运送军需物资的民夫。此次上书得到了章宗皇帝批准，朝廷开始招募饥民以辅助完成此事。军民一起参加施工，修筑进行了整整 5 年。与此同时，西北、西南诸路也在同时施工。承安三年（1198），金朝内长城南线修筑完成。

金长城的修筑吸取了先前历代修筑长城的经验，选择将天险与人工结合起来。在能够依靠地理险峻优势的地方主要依靠自然防御，在其他地方便借助人工防御。两者的结合扩大了金长城的防御地带。为了将军事防御体系的作用充分发挥出来，金朝统治者实行了一套与之相匹配的军事防御制度，例如根据险

» 金长城遗址

要程度在不同地方配置不同规模的防御兵力。从修筑到具体使用，金长城实现了将自然与人工、防御工程与兵力资源的完美结合，形成了一套深层次的立体防御体系。

最终完工的金长城从东北嫩江之滨向西一直到达了河套平原地区。由于金长城大多修建在草原荒漠，因此受风沙侵袭较为严重。即便如此，在今天的内蒙古草原和黑龙江一带隐约还可以看到金长城的遗址。纵观整个金王朝，在其统治期间，来自蒙古等北方游牧民族的侵袭几乎不断，故长城的修筑大约从金熙宗时期开始，经金世宗、金章宗时期，集中完成了自东北至西南沿线的全部工程。

从今天金长城的遗址可以看出，其防御体系较前代长城更显完备和适用。壕、墙并列更好地防御来自草原地带的骑兵，主、副墙并列及与戍堡、烽燧的配置、设计布局也更为合理。可见，金长城的修筑虽然是在汉人长城防御的影响下产生的，但是金朝的统治者在修筑长城时显然融入了自己的民族文化特色，使得整个金长城的防御体系具有独特的游牧防御特征。可以说，金长城具有很好的承上启下的作用。它继承了前代长城的优秀成果和经验，并在此基础上有了进一步的创新发展，为后来明代长城的修建提供了诸多借鉴经验。

第三节 明朝——万里长城的集结号

明太祖洪武元年（1368），朱元璋建立明朝。为了防御蒙古、女真等游牧民族的侵袭，明朝从洪武元年开始至明神宗万历二十八年（1600）期间分三个时期修筑了长城，从而形成了东起鸭绿江畔虎山，经山海关，西至祁连山下嘉峪关的明长城，全长 6300 多千米。明长城把成百座雄关、隘口、烽火台以及成千上万的敌台连接起来，成为一项古代建筑工程史上的奇观。

明长城是我国历史上费时最久、修筑最为完善的长城工程，对明朝防御侵扰、保护国家安全发挥了重要的作用，充分体现了我国古代建筑工程的高度成就和古代劳动人民的聪明才智。在整个明王朝的统治期间，长城不仅仅是军事防御线，也是各族各地人民经济贸易的场所，宏伟的明长城也成为长城内外民族融合的见证。

一、明初为防御边疆修关隘

洪武元年，朱元璋在应天（今江苏南京）称帝后，同年夏天，命令徐达对元朝的都城展开最后的攻击。徐达带领的明朝军队穿越黄河，一路攻至元大都。元朝的末代皇帝元顺帝放弃都城，向北方草原撤退。

虽然元廷残余势力退到了长城以北，但对明朝依然构成威胁。朱元璋决定通过修筑长城来守卫疆土。

自明洪武元年至正统十二年（1447），明长城进行了第一阶段的修筑。此次修筑主要是在北魏、北齐和隋朝长城的基础上，将大兴安岭、阴山、贺兰山以西以北一带的土墙改建为石墙，并于沿途增设烟墩、烽堠、戍堡、壕堑等军事设施。这一次工程的重点放在了北京西北至山西大同的外边长城以及河北山海

» 居庸关城楼

关至居庸关的沿边关隘。

明王朝极为重视长城防线上重要关隘的修建。在沿线关隘中，居庸关是最先修筑的军事关口。其实在元朝统治者从居庸关逃离的事件中，朱元璋就深刻意识到了这里作为军事关塞的重要性。因而，自徐达和他的军队进入北平后，就奉命开始修建拱卫京城的居庸关城。历时两年，这座关城才修缮完成。

自洪武五年（1372）起，朱元璋命人开始修缮明长城最西端的关口。这处关口位于河西走廊南北山系中拱合最为狭窄的地方，北连黑山悬壁长城，南接天下第一墩——讨赖河墩。明军于此关口处修建了一座周长 730 千米、高 6 米多的关城，其城墙横穿沙漠戈壁。这座关城就是今天嘉峪关的前身。洪武七年（1374），明王朝开始修筑在今天山西境内的新雁门关，并在关北设立广武口，在关南设立南口，均驻兵把守。新雁门关与古雁门关形成了“双关”并立之势。今天，这座气势恢宏的雄关依然兀立在山谷之中。

洪武十一年（1378），徐达于居庸关和山海关之间修筑了古北口关城。三

» 嘉峪关

» 山海关

年后，徐达又在燕山山脉与渤海相连之处修筑关城，因其依山傍海之势得名山海关。同年，徐达带领 15100 名明朝官兵陆续在燕山山脉修筑了 32 道关隘，诸如界岭口关等。朱元璋又派大将戍守边关，以维持北部边疆的安稳。

明朝的长城体系基本形成之后，洪武二十一年（1388），朱元璋发动了对北元政权而言几乎是毁灭性的一战——“捕鱼儿海之役”。战争胜利后，朱元璋在长城以北建立大宁卫、开平卫和东胜卫三个军事重镇，屯驻军队，开垦土地，戍守这片曾经属于蒙古政权的辽阔草原。至此，明朝控制了长城以北的交通要道并拥有了许多适于放牧的草地。

伴随着军事重镇的建立，戍守兵力不足成为亟待解决的问题。征兵是明代解决这一问题的主要方式。按照朱元璋制定的法律，每三个家庭抽取一人为士兵，这名士兵将来娶妻生子，他的家庭成员也会成为军队的一员。这种军户身份可以世代相传。明王朝在北部草原建立的卫所与州县一级相似，每卫配备 5600 名武官和军人，卫下辖有一定数量的百户所和千户所，军户是组成卫所制度的

» 明长城的城墙

最小单位。朱元璋创立的卫所制度是明朝实行的最主要的军事制度。这种卫所制度规定，在草原地区的军户可以分配耕地，而且子孙相继，由朝廷供给耕牛、种子和农具，在获得土地后的前两年可以免除税收。正是这些优渥的条件，使得很多的年轻人愿意远离家乡，开始塞外生涯。这些拥有军人身份的农户可以在瞬间拿起武器，成为英勇的战士。卫所制度不仅使得戍守北部边疆的兵力变得充足，而且也解决了军队的军粮问题。明代军屯无论是组织管理还是规模都达到了军屯制度的新高度，这一政策伴随着明王朝长达 200 多年。

卫所制度下的卫城不仅是中原腹地最重要的军事防御屏障，也是明朝攻守兼备的长城防御体系的重要组成部分。北部草原数千千米的疆域上，明朝建立的卫所依靠屯田和驻军，形成了一个立体而有效的体系。它使得明朝东起鸭绿江畔、西至嘉峪关的长城成为第二道有力的军事防线，将明朝的势力大幅度向北推进。通过这道攻守兼备的长城防御体系，明朝的势力深入草原，蒙古的势力活动范围因此减小，一时无力与明王朝为敌。

西起嘉峪关、东到大海的关隘防御体系以及大将守边的军事策略维系着明朝初建时期北部边疆的安稳。也正是这些关城隘口的修筑，组成了后来明长城的中枢系统和基本骨架。明代初期所建的这些关隘和长城遗址一直保存至今。

二、明代中期形成长城修筑高峰

明朝中期，随着明成祖朱棣的去世，统治长城内外的梦想变得遥不可及，农耕文明与游牧文明再次隔绝。长城以外的草原上，北迁的北元蒙古居民为了满足生活和经济需求，不得不定期南下劫掠。明宣德五年（1430），明宣宗朱瞻基将明朝在蒙古草原的最后一座卫所——位于今内蒙古的开平卫迁移到燕山山脉中的独石堡（今河北独石口）。至此，明初朱元璋建立在草原的卫所全部后退到长城以南。

从此，明朝的军事策略由攻守兼备转为全面防守。山海关到嘉峪关的长城防线成为加强防御、调整明朝与蒙古各部关系、构建双方贸易活动的生命线。但是明朝与蒙古关系的真正转折是土木堡之变。

明正统十四年（1449）春，臣服于明朝的蒙古瓦剌部落在朝贡贸易中用虚假手段骗取赏赐，使得明朝与之关系恶化。同年七月，瓦剌首领也先兵分四路向明朝发起进攻，他亲率一路很快攻到大同府，威胁京城。八月，明英宗朱祁镇在秉笔太监王振的怂恿下率领临时拼凑的 50 万兵马御驾亲征。在今河北省怀来东的土木堡，明军遭遇到瓦剌围攻，全军溃败，明英宗被俘。这就是明朝历史上有名的“土木堡之变”。

土木堡的这次危难为明王朝敲响了警钟：没有首尾相连的城墙而仅仅依靠孤立的城堡与关隘无法抵抗蒙古骑兵猛烈的攻击。因此，修建长城成为明朝的首要任务。从景泰元年（1450）至万历四十八年（1620）的 170 年间，明朝兴起了规模空前的长城修建活动，并沿着长城一线完善确立了“九边十三镇”的防御体系。其中延绥巡抚余子俊负责督建的延绥长城成为这段时期明长城的代表。

处于明王朝边疆位置的延绥镇（治所位于今陕西榆林）因其特殊的地理位置，每年冬天都会遭到蒙古人的南下劫掠。失去了河套平原的控制权后，这里更是危险重重。此时正是明朝的第九位皇帝明宪宗朱见深统治时期，土木堡之变的惨重损失已经让他感受到了深深的恐惧。面对这样的边境状况，他命大臣寻求解决之策。

成化六年（1470），余子俊转任左布政使，调往浙江。仅半年，任右副都御史，奉命巡抚延绥。在实地考察后，余子俊曾提出修建长城的建议，但因兵部尚书白圭认为陕西百姓困穷，工程暂缓。成化八年（1472），余子俊为明宪宗算了一笔账：目前，共有 8 万士兵屯驻延绥。如果今年冬天敌寇不向北撤退，就需要准备下一年的军需供应。姑且用今年的数额估计，米豆需银 94 万两，草料需银 60 万两，运输需银 825 万两。而修建长城则不需要花费如此之多。明宪宗认为余子俊所言有理，命其迅速督建长城。最终，余子俊率领 4 万兵士，在陕北荒原上筑起一道“延袤千七百七十里”的长城。

成化十八年（1482），因为严寒而难以生存的蒙古鞑靼人又一次入侵北部边地。守军在蒙古骑兵进入关城后便关闭了城门，并且点燃了烽火台的警报。

» 延绥（榆林）长城

驻扎在延绥长城的守兵全线出动，昔日往来如风的蒙古骑兵在长城防线的阻隔下屡屡受阻并最终战败。

余子俊拉开了明朝在西北边疆修筑长城的序幕。与秦汉时期的阴山长城相比，明朝的长城防御线后撤了 160 千米。这昭示着游牧力量在与中原王朝的拉锯战中又一次占据了上风。余子俊督建的延绥长城取得了非常好的防御效果之后，明朝开始在北方边境大力修筑长城。这使得在土木堡之战后，农耕王朝和游牧势力之间的角逐重新找到了平衡的支点。如今，余子俊督建的这段夯土长城依然蔚为壮观，矗立在风沙弥漫的陕北高原上。一道“遇山铲削，逢谷填堑”的明代长城防御体系隐约可见。更为神奇的是，夯土长城在长达 800 千米的攻守防线上林立的数百个烽火台可以相互瞭望，从而形成一道通达无阻的通信网。

到 16 世纪，在俺答汗的统治下，蒙古右翼土默特部崛起，成为了明朝新的威胁。随着俺答汗对明朝侵袭的逐渐加剧，新一轮建造长城的高峰拉开了帷幕。在这次增修过程中，明朝不仅将沿线烽火台和边堡通过逶迤千里的长城边墙连接在一起，而且增加了许多军事建筑的附属设施，使得一个完备的军事体系得以形成。长城强大的军事防御功能在明朝中期的统治中又一次被发掘出来。

然而，长城虽然能够抵挡小股骑兵的短期袭扰，但在蒙古骑兵长期集中的进攻之下，还是显得不堪重负。于是，在抗倭战斗中屡建奇功的名将戚继光奉命北上，主持增修、加固了东起山海关、居庸关的长城，为明朝皇帝缔造了更坚固的堡垒，把长城的生命推向巅峰。

» 戚继光铜像

戚继光在总结历代修筑长城经验的基础上，对长城的建筑设计和修筑方法等都进行了创新。首先对长城的修筑材料进行了改造，不再一味采用以前就地取材的方法，而是将水和石灰进行一定比例的混合，烧造青砖。青砖石质坚硬，增强了长城城墙的稳固性。但烧制青砖成本比较高，因而只用于关口、城堡等要害部位。青砖烧造任务分配给不同兵营的兵士。在进行青砖制造时，为了能够避免粗制滥造、确保生产质量，每个青砖之上刻有烧制兵营的番号和年代，以此作为质量跟踪和问责的依据。现今的金山岭长城就遗存有大量这种刻有文字的青砖，称为“文字砖”。

在长城建筑设计上，戚继光不仅对墙体进行了加高加固，也对敌台进行了重新设计。戚继光根据地形来设计敌台的样式和数量，“凡冲处数十步或一百步一台，缓处或百四五十步或二百余步不等者为一台。”相邻敌台相对而立，互为犄角，左右救应，提高了长城的防御能力和使用价值。关于敌台的样式，戚继光营造出了一种空心敌台。空心敌台一般高三四丈，由上、中、下三部分

» 金山岭长城库房楼

组成。下部为巨石或条砖筑成的台基，高度与城墙相同。中部为空心部分，四面设有箭窗，以供士兵驻守和存放粮秣兵器。上部为台顶，其上建楼橹，四周设有垛口。每一敌台由三五十个士兵驻守。旧有的敌台设计无法供守城士兵遮风避雨，而这种上下层结构的空心敌台可以减轻守边士兵的风雨霜雪之苦。

金山岭长城“库房楼”是戚继光空心敌台设计的顶峰。库房楼外侧靠西面的山头，有两个圆形的墩台，是哨兵观察敌情的地方。在这两个墩台之间的山岭上有一条南北走向的长城支线，一直延伸到库房楼。一旦敌人从支线来犯，库房楼可以迅速向支线支援兵力，凭借长城支线迎战。万一抵挡不住，还可以从支线撤回库房。在库房楼北侧 50 多米的地方有一道不太规则的石墙，高 2 米、长 200 多米。这就是挡马墙，专门用来阻挡敌军的骑兵。敌军即使突破了挡马墙，还要面对库房楼外侧楼角下一个长 15 米、高 2 米的半圆形站台。站台上布满射击孔，士兵们会在这里阻击敌军。就算敌军突破外围所有防线，其攻势也已经成了强弩之末。库房楼的士兵凭借着库房楼墙体上留下的箭楼足以给这些疲惫的士兵致命一击。

整整三年时间内，戚继光共设计督建了千余座空心敌台。这些敌台高低相间，大大提高了长城的防御功能。在东起山海关、西至居庸关的 1000 多米的长城防线上，疏密相间的敌台“声势联结，精坚雄壮”，成为了明朝北部边境的一道坚实的屏障。

三、明代后期长城修建进入尾声

天启元年（1621）至崇祯十七年（1644）间，明朝的统治和长城的修筑一起进入了尾声。其间，明朝对长城的修筑只是王朝末期为巩固统治做出的最后一次尝试性的努力。但是军事防御体系的加强再也没能拯救王朝统治的腐败与衰落，长城的修筑最终也没能发挥多大的作用。

» 龙武营

明神宗万历四十四年（1616），北方的女真族首领努尔哈赤统一了女真大部，在赫图阿拉（今辽宁省新宾西南）称汗，建立后金，割据辽东，并且大举进攻明朝边境。为了维护王朝岌岌可危的统治，明廷调动重兵，加强防御。众多良将被朝廷派去重要关隘督师、经略是明朝采取的重要政策之一。这些被派至边境的将军大都采取了修建长城的措施来加强军事防御。其中比较有代表性的大将就是孙承宗。

明熹宗天启元年（1621），孙承宗带兵在山海关城东墙之上建“新楼”，以加强东部防线。次年，为了加强海上防御，孙承宗又在南海设立龙武营。但是强大的工程需要大量的物质支持。为了向辽东、辽西转运大量的军需物资，孙承宗又派兵重新修复了南海码头港，来疏浚海口河道。这些措施给孙承宗带来了军事建设方面的很大成就。在孙承宗任职的 4 年中，他修筑了宁远城等大城 9 座、城堡 49 座，练兵 11 万，在抵御努尔哈赤的侵略方面发挥了重要作用。

明思宗崇祯六年（1633），巡抚杨嗣昌在关城南、北处建南北翼城，以此来增强关城南北两翼的防御能力，与城关左右相呼应。同年，杨嗣昌又在城关南老龙头上修筑宁海城。这是一座地势险峻，同时又踞于海防要冲的堡垒城，也是明朝万里长城军事防御建筑中唯一一座功能齐全的海堡城。与此同时，在关外的欢喜岭高地上，杨嗣昌又建造了威远城。威远城居高临下，易守难攻，成为山海关东城防守的前哨。崇祯十六年（1643），为了进一步加强防御，在城关西侧建筑西罗城，与东罗城前后呼应，成为关城的前防后卫。与此同时，明廷还派兵加强了附近长城的防御能力。

这些长城建筑的修建完成，在京城东边形成了一座防御屏障，对于保卫京师、巩固明王朝的统治起到一定作用。但是，明末的长城修筑再也没有出现过像明朝中期那样的盛大规模和技术革新，而主要是对明代前期长城的重建和改造。

明朝是中国历代倒数第二个封建王朝。在明朝之后的清朝，作为北方少数民族入主中原建立的政权，对于长城的认识与汉民族有很大的差别，也不再大规模修筑长城。如清康熙帝就认为“形胜固难凭，在德不在险”，长城对于维护国家安全并不起到决定性的作用，并曾下令“不修边墙”。至于清朝晚期所

修建的所谓“长城”，其目的、意义、形制已经与我们一般认为的长城相去甚远。所以，明朝就成为了中国古代长城修建的最后一个高峰，也是中国历史上修筑长城规模最大的朝代。万里城墙把成百座雄关、隘口和成千上万座敌台、烽火台连接起来，成为一道古代建筑工程史上的奇观。纵观明长城的修建历史，可以看出，明朝修筑长城的主要目的是为了防御北方游牧民族的侵扰。整个明王朝自始至终对北方防务的建设都非常重视。这种重视不仅仅是出于国家稳定的考虑，更是整个国家发展的需要。坚固的长城防御体系也为明王朝创造了更多的发展机会。在明朝中期，明王朝曾经在长城沿线建立多个互市点，马市贸易高度繁荣。长城脚下的贸易也一定程度上化解了农耕与游牧两大族群根深蒂固的矛盾。昔日刀光剑影的长城雄关也逐渐成为商贾云集的贸易市场。

第三章 京师屏障 形胜山河

如今蜿蜒在北京城边的长城，在战火纷飞的古代是一道牢固的防御线。明代最终完工的长城集历代长城修建之大成，在沿线建造了数量可观的烽燧、敌楼、塞堡和关城，从而形成了如今西起嘉峪关、东至鸭绿江的万里长城。这段长城是我国历史上费时最久、工程规模最大、防御体系和结构最为完整的长城工程，也是守卫京师的防线与屏障。

第一节　京师第一屏障——八达岭长城

在北京延庆区军都山关沟古道的北口，坐落着整个长城最精华的部分——八达岭长城。作为明代长城中最具代表性的一段，八达岭长城地势险峻，城关坚固，是居庸关的前哨和北京的重要屏障。自八达岭下视居庸关，居高临下，验证了古人那句“居庸之险不在关而在八达岭”。虽然我们现在看到的八达岭长城是在明代完成的砖石长城，但是其修筑历史远不限于明代。从春秋时期开始，许多朝代都曾经在这里修筑过长城。如今，这些长城有的被明长城覆盖，有的还留存在八达岭长城周围，无数的修筑痕迹显示出八达岭地理位置的重要性。

一、历经多朝终成第一屏障

八达岭是联系北方民族的重要通道。人们来往于西北方向的甘肃、山西、张家口乃至俄国以及西亚部分国家都要经过八达岭。在古代，对这样重要的地

» 八达岭长城

理枢纽的防御是重中之重，尤其是在游牧部落与中原纷争不断的古代中国。

北魏时期统治者便开始在八达岭修筑长城，北魏太武帝拓跋焘下令修筑的“畿上塞围”就是东起今八达岭一带，西至黄河东岸。此后，随着王朝的更迭，八达岭长城只是进行过小规模的维修，真正的修筑高峰是在明朝后期。

明隆庆二年（1568），抗倭名将戚继光来到八达岭进行考察，认为旧长城的设计并不科学，无法满足实际军事防御需要。因此戚继光上书朝廷，认为长城修建的时候如果有一处出现瑕疵，则全线崩溃，建议在修建长城时，要在一定的距离和位置上加设敌楼与敌台，这样可以加强防御，使长城更加坚固。敌

楼和敌台要构筑得比城墙更加高大才合理。敌台采用空心的结构，可以是两层，也可以是三层，有的可住士卒50人以上，并储备粮草和军用物资。此外为了集中精力建造长城和节省人力,可以采取分段施工的方法。

戚继光对八达岭长城的修建认知详尽,因此上书很快被朝廷批准。隆庆三年（1569），大规模的长城修建工程正式开始。

要想建造一道坚固的长城,建筑材料的选择至关重要。戚继光选择的是青砖,这种砖十分坚固，抗风化，耐侵蚀性很强。但想要得到坚固的青砖，烧制的温度极其关键。戚继光命人先用微火将砖窑烘一个月，然后用旺火烧半个月，之后再用大量的木炭高温烧制三天三夜。戚继光主持修筑的长城长达1500千米，所用青砖总量惊人，而砖窑的成功构造使得整个长城的修建有了高质量材料的供应。令人惊讶的是，在明代砖窑遗址中生产出来的青砖有着基本统一的规格，每块重10.5千克左右，抗压强度达到237千克，与现代化生产的砖石相差无几。在制砖条件与技术都十分有限的明代，古人能制造出如此之多的高质量青砖，实在令人叹服。而戚继光对工程进行标准化的统一管理，也成为长城修筑工程的伟大创举。

戚继光对于长城的改造和革新，不仅仅体现在建筑材料上。此前，王朝北部的长城大多都只是一面墙，即使顶部有作战台，空间也不大，更不能遮风挡雨。这在一定程度上减弱了大炮攻击的力量。因此，如何在长城上将大炮的火力完全发挥出来，成为戚继光设计新长城修建方案时必须要解决的难题。

» 八达岭长城敌楼

戚继光最后想出的解决办法是建造空心敌台。这是一种建造在长城之上的空心堡垒，也叫敌楼。敌楼分上下两层。底层为作战层，青砖铺地，内部有数量不等的券门，作为守城士兵来往的通道；墙壁上留有箭窗，少的只有一个，多的有 11 个，因此按照箭窗数分，敌楼也被叫作“三孔楼”“五孔楼”等。敌楼从底层到顶层多数靠楼梯上下，不设楼梯的就叫作“黑楼”。黑楼在顶部开一个天窗，士兵们用软梯上下楼，并在上楼后把软梯撤到楼上。这样的设计使得敌军即便进入台内，也只能望楼兴叹。敌楼不仅能储存武器、弹药，也是守城战士的居所。

经过 80 余年的修建，八达岭长城终形成城关相连、墩堡相望、重城护卫、烽火报警的严密防御体系。

二、两墙两台一关城

在修筑八达岭长城时，建造者主要遵循的是“依山就势、因险阻敌”的原则，即沿着最高的山脊走，随山脊的转折而弯曲，不求取直拉平，这样不仅可以省工省料，而且因其地势险要，能更有效地抵御敌人。因此，八达岭长城的墙体可以说是万里长城中最雄伟壮观的部分。为了适应战斗的需要，八达岭城墙的建筑原则十分灵活，这主要体现在城墙的宽度上。

八达岭长城大部分的墙顶宽阔平坦，甚至可以实现“五马并骑，十行并进”。但有些墙顶也十分险峻窄小。如从北峰至青龙桥的这一段城墙，因山势陡峭，墙顶修建得很窄，最窄处仅两米多。八达岭城墙在高度上的修筑原则是一致的，中线偏于外侧，外侧墙高，内侧墙低。八达岭长城墙体两面都用抗腐蚀、抗风化性能好、硬度较高的花岗岩石条包砌。石条被一层层垒砌起来，无论是陡峭的山坡还是平缓的地段，都是逐层水平垒砌，纵横交错、横架竖垒，合缝处灌以灰浆，咬合成一体，其坚固程度可想而知。

» 八达岭城墙顶

除了主墙体，八达岭长城墙顶两边还有两面砖砌矮墙。外侧的叫“雉堞”或“垛口墙”，内侧的叫“宇墙”或“女儿墙”，这就是八达岭“两墙两台一关城”中的“两墙”。外侧的垛口墙较高，为1.7~2米，用以防御外敌；内侧墙比外侧墙矮，约为1米，主要用于保证士兵的作战安全，防止其在危急时刻跌落悬崖。

“两台”是指敌台（敌楼）和烽火台。敌台主要用于士兵向外射箭、瞭望军情。除此之外，士兵也可以在此避寒住宿、储存粮草。从八达岭关城向两侧延伸的长城段敌楼密集，形制相似又各具特色。其中，北八楼是海拔最高的一座敌楼，是俯瞰长城的最佳之处；北五楼是券洞最多的一座敌楼，共有30多个券洞；北六楼是面积最大的一座敌楼，因设有长方形天窗，又称为“天井式”敌楼；北十楼和南六楼是两座建有铺舍的敌楼，或为当年“指挥”的住所。烽火台是长城沿线建筑的用以报警、传递军情的高台。明代举烽制度较以前更为严格，不仅在燃放烽烟时加上了放炮，还根据敌军数量明确规定了燃放烟炮的数量。一旦遇有敌情，只需几个小时，消息便可传遍蓟镇长城沿线。八达岭长

» 八达岭关城东城门

» 八达岭关城西城门

城的烽火台与敌楼、城墙以及关城等设施形成了一处城关相连、墩堡相望、重城护卫、烽燧预警的纵深军事防御体系，成为北京北部一道东西走向的强大军事防线。

关城是八达岭长城的核心，设有东、西二门。西城墙下部用10余层花岗岩条石垒砌，上部砌大城砖，城墙两侧又连接有南、北两道城墙，两墙均建于山脊之上，东低西高，成“U”字形，在东门相遇。东城门额刻“居庸外镇”四个大字，并题有“巡按监察御史陈豪书”和“嘉靖己亥仲秋吉日立”的文字，说明此城门重修于嘉靖己亥年（1539）。西城门额上写着“北门锁钥”，据剩余刻文可以得知，此门于万历十年（1582）进行了重建。“北门”是指八达岭为“居庸北口”，更是京师北方之门。东、西两处门额题字均说明了八达岭的举足轻重的防御作用。

西城门额上的“北门锁钥”四个字来源于一个典故。北宋时，由于皇帝的昏庸和朝廷的腐败，北方的辽国不断侵扰北宋。“澶渊之盟”后，宋真宗认识到国都的北大门——大名府（今河北大名东）地理位置的重要性，便派一贯主战的寇准镇守此战略要地，防止辽兵南下。

但是，由于皇帝听信奸臣的谗言，寇准在来到大名府前已经被贬成一名地方官。有一年，辽国驻北宋的使节到大名办事，知道北宋皇帝忠奸不辨，便有意问寇准："您在朝廷德高望重，不在朝中当中书，怎么到这边境之地受苦？"寇准面不改色地回答说："当今天下和平，皇上说了，朝中没什么事，我便到这个地方来守门了。"随后还特意写了一副对联："东郡股肱今右辅，北门锁钥古天雄。"辽国的使节赶忙回去禀报，辽国国君本就慑于寇准在战场上的赫赫威名，见到此联后一时间再不敢轻举妄动。此后，宋辽之间维持了较长时间的和平。

三、李自成与八达岭古长城

八达岭一线或峡谷或险山，地势险要，自古以来便是"拱卫陵京"的军事战略要地。八达岭长城构筑雄伟，随山脉起伏，构成了"层层设防，寸土设障，步步为营"的纵深防御体系。八达岭长城远近闻名，但其实很多人不知道的是在

» 八达岭残长城

其西南方向 5 千米处还有一座“八达岭古长城”，也被称为“八达岭残长城”，是八达岭长城的西大门——石峡关长城。这里皆为崇山峻岭、深沟险壑，城关相连、墩堡相望，由于保存了原始风貌，虽然残缺，但雄风犹在。这里还流传着一个著名的故事——李自成破八达岭。

崇祯十七年（1644）正月，李自成在西安建立大顺政权，自称大顺王。二月，他率军东渡黄河，进攻太原，随后兵分南、北两路。李自成率北路主力军沿长城攻杀，在八达岭与明军激战数日，却始终攻其不下。这时当地一位老农向他献计：八达岭西面有一山谷，山上守军不多，如果一举拿下，则可攻下八达岭以西的石峡关。这样一来，破长城指日可待。

李自成采用了老农的计策，留下少部分部队继续佯攻，主力部队则转向袭击石峡关和柳沟古城。石峡关的险峻不下于八达岭，但因为这里交通不如八达岭便捷，所以其重要性不如八达岭，防守也没那么严。一日，李自成扮成农民混入城中，在城中秘密宣传“迎闯王，闯王来了不纳粮”。消息很快传遍整座城，老百姓对此深信不疑，开始配合农民军。一位老者在晚上帮忙打开了石峡关的大门，再加上明朝守城将领疏于防守，李自成的农民军就这样顺利攻下了石峡关。之后，李自成率军直取居庸关，最后攻入北京城，明朝正式覆亡。

八达岭残长城虽历经沧桑，满身疮痍，却也有一种残缺之美，向人们诉说着古老的故事，诉说着那激烈残酷的战役、政权的倾覆、朝代的更替。

四、历史遗迹见证中外友谊

八达岭长城景色壮观、设施完善、历史文化底蕴深厚，在 1961 年被列为国家重点文物保护单位。

如今的八达岭长城已经完成了它在军事防御方面的历史使命，但它仍以其特有的魅力吸引着广大中外游客，成为举世瞩目的旅游胜地。八达岭长城利用复建关城古建筑，修建了一座专门用于外事接待的“元首接待厅”。来到八达岭长城的外国元首都会在这里举行简单的礼宾仪式，接待人员会为他们颁发登长城纪念证并赠送纪念品。

自 1954 年第一位外国领导人印度总理尼赫鲁游览八达岭长城起，已有 500 多名各国元首和政府首脑到此游览，并留下了上千幅珍贵的照片、200 多件亲笔题词等。这一切都构成了八达岭长城独有的文化。

1972 年，美国前总统尼克松登上八达岭长城，感慨道：“太伟大了，只有一个伟大的民族，才能建造出一座伟大的长城。”英国女王伊丽莎白二世则在八达岭长城上由衷地赞叹：“我到过许多地方，长城是最美丽的。”俄罗斯总统叶利钦说：“这是世界上最伟大的工程，在其他地方我从未见过类似的杰作。”

长城十万里，文化两千年。如今的八达岭长城已经有了新的时代使命，它经历了朝代的更替，记录了中华民族的历史，展示着中华民族厚重的文明和古代中国人民的智慧，更成为我国与国际友人交好的重要见证。

第二节　雄关如铁——居庸关长城

在北京市昌平以北 20 千米的峡谷中，坐落着被称为“绝险”的居庸关长城。居庸关处两山夹峙、陡峻难登的峡谷中，地势险要，自古以来便是军事战略重地。这里历朝历代战事不断、狼烟四起，居庸关长城自然也就成了最重要的守卫设施。

一、历经千年终成雄关

居庸关长城所在峡谷属太行余脉军都山地，地形极为险要。关于居庸关最早的历史记录可追溯到春秋时期。政治家吕不韦编撰的《吕氏春秋 · 有始》中记载：“天有九野，地有九州，土有九山，山有九塞。……何谓九塞？大汾、冥厄、荆阮、方城、殽、井陉、令疵、句注、居庸。”

春秋战国时期，诸侯争霸，相对弱小的燕国就处在居庸关地区。燕国为了防止北边东胡的骚扰，利用居庸塞附近的天然隘口修建了一条燕北长城。但实际上，居庸关到汉代才正式成为关城，《汉书·地理志》中记载的“上谷郡居庸有关”说明了这一点。后来在内蒙古和林格尔发掘出了一座汉代古墓，墓内有一幅壁画，上写有“居庸关”三个字，字的周围描绘了当时关内外人来人往、车水马龙的繁荣景象。这说明居庸关在汉代除了军事防御，还有另外一个功能——作为贸易交流场所。

到南北朝时期，战争的多发使得统治者更加重视军事防御。北魏和北齐都曾分别派上百万人在居庸关一带修筑长城。这条长城从幽州北夏口（今北京昌平南口）到恒州（今山西大同），又从居庸关往东一直修到山海关。自此，居庸关才与真正的万里长城相合，成为长城上的重要关口。

到明朝，修筑长城的活动达到顶峰，居庸关才真正成为雄关。洪武元年（1368）朱元璋在南京顺天府建立了明朝，成了明代的第一位皇帝。新朝虽已建立，但元朝的都城大都仍然在元朝最后一位皇帝元顺帝的手里。为了能顺利拿下元大都，朱元璋派出大将军徐达等人率领大队人马从元大都旁边的居庸关攻入。元顺帝知道自己大势已去，从居庸关逃往上都开平。随后，徐达等人一鼓作气攻下了元大都，明朝从此建立起了对全国的统治政权。

元朝统治者退出中原，回到了蒙古草原。但逃回旧地的蒙古贵族依然经常南下，骚扰明朝边境。为抵御敌军侵扰，明太祖朱元璋派徐达主持居庸关等重要关隘的修筑与巩固。

自南口入居庸关，两山夹峙，一水中流，《水经注》称此水为“湿余水”。徐达在建设居庸关时就巧妙利用“两山夹一水”的地理环境，将关城建在关沟中部，扼守南北交通要道。作为军事攻防屏障，长城沿西侧金柜山、东侧翠屏

» 居庸关长城全景

山修建，南、北跨河道段均用长城连接，长城围绕关城呈现为圆周封闭形。

居庸关建成后，明朝又在居庸关置卫，下领千户所5处，以为京城的北面固防。从此，居庸关成为明朝极具战略意义的关城之一。

明朝景泰年间（1450—1456），居庸关又迎来一次较大的修建。“土木堡之变”后，兵部尚书于谦奏明皇帝：“居庸，京师之门户，亟宜守备，乃以佥都御使王鋐镇居庸，修治沿边关隘。”景泰六年（1455），居庸关关城的扩建顺利完工。经过这次修建，居庸关关城达到最完备的程度，成为如今我们所看到的雄关。

二、完备的居庸关关城

明朝中后期对居庸关关城的修筑使得居庸关长城的防御体系得到了进一步

完善。关城建筑更加完备，不仅设水陆两道门，还设有衙署、仓储、书馆、神机库等建筑设施，在南北关门外还分别筑有瓮城，这些建筑保存至今，具有深厚的文化价值。其中，南关瓮城、北关瓮城、贯穿关城的水门、关城内仓储设施，以及关城内的国计坊、城隍庙等成为居庸关最著名的几个建筑。

为了提高关城的防御性，居庸关的南北关门外各建有一座瓮城。瓮城是古代城池的主要防御设施之一。作战时，敌人被诱入瓮城，关闭主城阻止其入城，再放瓮城闸门，这样敌人就被困在瓮城里，只能束手就擒。居庸关瓮城的城台外缘砌有垛口，内侧砌有女墙，城墙上均设有炮台，炮台上现仍陈列着古炮。

居庸关的南关瓮城也被称为“南月城”，平面呈半圆形，面积约为 2500 平方米。瓮城南侧封闭，北侧与西侧各有一孔门洞，北侧门洞通向关城内。南月城内还建有一座福佑关城的关王庙，供奉的是三国名将关羽。南月城的北侧为主

» 居庸关关城远景

城台，城台上建有一座高大的三重檐城楼，称为关楼，这是居庸关最高大的单体建筑。城楼的南北两侧各悬挂一块白底黑字巨匾，均书有“天下第一雄关”6个大字。而在关楼下的几个门洞上方书写着“居庸关”3个大字，并刻有“景泰伍年捌月吉日立”题记。在南月城外，还有一座迎恩坊，为黑琉璃瓦面，四柱三楼。

居庸关的北关瓮城平面呈长方形，面积约为3000平方米。北关瓮城东西封闭，在南侧城墙正中以及北侧西北角各建有一孔门洞，瓮城城门开在西侧角上。北关瓮城南侧为主城台，上建关楼。因为游牧势力主要从北方进攻居庸关，所以北关瓮城的规模要胜于南月城。北关瓮城所处的地理位置极具优势，其前沿西侧靠山，东侧临水，一山一水左右相夹，使得敌军兵力无法展开，便于防守。北关瓮城内还建有一座真武庙，供奉的是北方镇守大神真武大帝。

居庸关的水门建在长城与河道的交叉处。这是一座双孔圆拱水门，水门上有闸楼，楼内设水闸，用以调控门内外水量——洪水季节打开闸口泄洪，枯水

» 居庸关南月城

季节则关闭闸口储备河水供关城百姓使用。水门桥墩为南北尖状，这样有利于减少洪水对水门的作用力，起到防止被毁坏、延长使用时间的作用。

居庸关的仓储设施包括永丰仓和丰裕仓等。明朝时，军用粮草由水路运到关城查收后便屯入这些仓库中。以永丰、丰裕两仓为中心，山前峪中遍布粮仓、草场，以此防备敌军长时间围城，阻断粮路。

国计坊是由南关进入居庸关长城的第一座牌坊，是关城的象征建筑。于此修建国计坊意在表明居庸关是北拒强敌、南卫都城的关口，是国事军务的重中之重和国家大计之所在。

居庸关关城内有一座建于明洪武年间（1368—1398）的城隍庙，其建筑面积 538 平方米，是我国城隍庙宇中地位较高的一座。

居庸关城隍庙的正殿中供奉的城隍是明代开国元勋徐达。徐达为明王朝的建立和明初政权的巩固立下了汗马功劳，官至太傅、中书右丞相，后封魏国公。难得的是他尽管功高权重，却从不居功自傲，因此明太祖对他十分倚重。洪武十八年（1385）二月，徐达逝世后，朱元璋追封他为中山王，赐谥“武宁”，并且下令在徐达曾经修建并驻守的居庸关修建城隍庙，祀奉徐达。城隍庙的主要建筑除了城隍殿之外，还有供奉徐达夫人的寝殿，在庙门前还有一座戏台。

三、居庸八景之首——“居庸叠翠”

居庸关虽硝烟不断、战事频发，但周边的风景却十分优美，还有帝王曾在这里设过行宫。从居庸关关城南口进入关沟后，两侧山峦重叠、溪水潺潺，春、夏、秋三季植被繁茂，冬季则银装素裹、白雪皑皑。美丽的风景和其中精美的建筑群形成了关沟中著名的“居庸叠翠”。“居庸叠翠”是八达岭关沟两侧景色的统称，也是著名的“燕京八景”之一。这一景致的形成离不开元朝皇帝的建设。

至元八年（1271），元世祖忽必烈正式改蒙古国为“元”。次年，忽必烈改中都为大都（今北京）。在定都大都以前，忽必烈把开平（今内蒙古自治区

» ［清］张若澄《燕山八景图册·居庸叠翠》

» 居庸关云台

锡林郭勒盟正蓝旗境内）作为上都。

这时元世祖统领下的疆域十分辽阔，甚至包括内蒙古高原一带。由于疆域的扩大，居庸关一带逐渐不再是军事防御的重地，而变成了元朝皇帝往返于大都和上都的重要通道。古籍上记载：“每岁至驾行幸上都，并由此途。”元朝皇帝每年都要回家乡上都看看，每次必取道居庸关。作为皇帝经常走的御路，关沟峡谷中长达 20 千米的山路得到了很大程度的修整，这一时期居庸关的经济、文化也出现了一个飞跃。

与此同时，元朝皇帝还在居庸关设立了行宫，修建花园、寺院和住宿的地方，并在峡谷的南北口修建了两道大红门，作为居庸关的南北大门。此外，他还在居庸关南北两口设立了千户所，后改为万户府，驻兵 3000 人，主要用于徼巡盗贼。

如今，居庸关内这些曾经气象万千的建筑群已所剩无几，仅有一座塔基留存。这方基座也被称为居庸关云台，始建于元至正二年（1342）。云台上原有三座喇嘛塔，也称作过街塔。塔北面原有一座寺庙，名永明寺。元末明初时塔与寺庙均被毁。

明正统四年（1439），人们在云台基座上又重新建造了一座寺院，名安泰寺。但遗憾的是该寺在清康熙四十一年（1702）也遭到了毁坏，仅留下过街塔的基座。

» 居庸关云台浮雕

这方基座的一部分即如今的云台。它用大理石砌筑，平面为东西向矩形。云台底部大，顶部有明显收分。底部面积为 474 平方米，顶部为 359 平方米。云台顶部挑出的石平盘有两层，上层刻有云头图案，下层刻有兽面及垂珠图案。平盘四周的方形石雕栏杆、望柱头、汉白玉栏板及向外挑出的螭头都体现出了元代的风格。台体中间有一座六角形券门，高 7.27 米、宽 6.32 米，进深 17.57 米。门两旁刻有交叉金刚杵组成的图案以及象、龙、卷叶花等，正中刻有华云大鹏。雕刻纹样繁多，体现出元代高超的雕刻技艺。券洞两壁及顶部刻有造型神态极为生动的佛像。券门四隅的四大天王像之间刻有以梵文、藏文、八思巴字、维吾尔文、西夏文、汉文 6 种文字刻写的佛教经咒，对研究我国佛教史、语言学史、考古学，具有宝贵价值。

元朝皇帝修建的行宫、后来修建的过街塔等建筑，与居庸关附近的峰峦、山川、树木互相辉映，使居庸关成为盛极一时的皇家胜地。

到清代，乾隆皇帝多次前来游览，并题诗曰：“居庸天险列峰连，万里金汤固九边。雄峻莫夸三峡险，崎岖疑是五丁穿。岚拖千岭浮佳气，日上群峰吐紫烟。盛世只今无战伐，投戈戍卒艺山田。”

如今的居庸关长城不再是王朝的兴衰成败、改朝换代的象征，这些只能在历史记忆中去寻找。居庸关长城已经成为展示中华长城文化的重要部分，独特的东方美和古代人民的智慧根植其中，向无数参观者展示着中华民族历史文化的魅力。

第三节　原汁原味的古长城——古北口长城

在北京市密云区古北口镇坐落着有“地扼襟喉趋朔漠，天留锁钥枕雄关”之誉的古北口长城。古北口境内有蟠龙山、卧虎山双峰壁立，潮河穿行而过，自古以来便占据着重要的军事地位。古北口长城最早的修建历史可追溯到春秋战国，之后一直延续到明朝。古北口长城历史上是京师屏障中必不可少的一段，在现如今保留下来的古老城墙中也蕴含着大量古老的文化信息。

» 古北口长城

一、遥看古北口，天险旧秦关

清代文人洪昇在《望古北口》一诗中写道："绝顶此跻攀，苍茫晓日殷。一身飞鸟上，双足乱云间。大漠连沧海，长城补断山。遥看古北口，天险旧秦关。"正如洪昇所言，古北口长城跨山建于山脊之上并随着山势蜿蜒曲折，形成山陡路险的形势。也正是这样险峻的形势说明了古北口长城自古便是兵家必争之地。

从西周开始就有诸侯国在古北口筑墩设防，这种情况一直延续到战国时期。秦始皇初建万里长城时，虽然没有在古北口修筑长城，但它的军事战略地位并没有因此而受到影响。相反，随着朝代的更替，古北口作为北京东北部的第一道军事防线，军事地位越来越突出，于是便有了"北京东北门户"之称。

汉高帝五年（前 202）汉朝确立对中原的统治的同时，匈奴人建立的草原帝国也逐渐崛起。在此后将近一个世纪中，匈奴的侵袭成为汉朝统治的最大的威胁。汉初以和亲政策换取了边境半个世纪的和平。直到汉武帝时期（前 140—前 87），汉与匈奴的冲突进一步扩大，汉武帝为了防止匈奴从北部入侵，开始在古北口筑城布兵，但是没有在此修筑长城。

随着中原民族和游牧民族之间冲突的加剧，古北口处战争愈加频繁。于是在北朝时期（前 140—前 87），北齐为了防御突厥人和契丹人，将长城修到古北口。这是古北口第一次修筑长城。

古北口成为一处雄关隘口，是从明朝开始的。明朝初年朱元璋击败鞑靼之后，派徐达等修筑居庸关、古北口、喜峰口等处的城关。徐达在北齐长城基础上增砌石块来增强防御能力，加修关城、大小关口和烽火台等关塞设施，并增修门关二道：一门设于长城关口处，称"铁门关"，仅容一骑一车通过；一门设于潮河上，称"水门关"。自此，西北的居庸关、东北的古北口就成了明王朝都城的两个重要门户。

二、最完整的长城体系

古北口长城位于北京密云古北口镇东南，是山海关、居庸关两关之间的长城要塞，也是从辽东和内蒙古通往中原地区的咽喉要道，由蟠龙山长城、八大楼子长城、黄峪沟长城、卧虎山长城等多段长城组成，是我国长城史上最完整的长城体系。

蟠龙山长城位于古北口长城体系的中段，是我国所有开放的长城中唯一一处没有经过人工修缮且历史原貌保持最好的古长城，可登攀的长城长度约 5 千米，在古北口长城中地势相对较为平坦，相对高度约 150 米，因此也是历史上发生战事最多的长城。蟠龙山长城与西面的卧虎山长城、水关长城、铁门关、

» 蟠龙山长城

瓮城共同构成了古北口长城防御体系的核心。

八大楼子长城东起西沟，西到龙潭沟，是一段不常有人到访的野长城。据说此长城是因站在卧虎山西山向西望可以看见这一片山上的8座敌楼而得名的。其中前5座敌楼修建在上升的山脊上，楼和楼之间有连续的边墙。遗憾的是这些敌楼都有不同程度的损害。第一、第二楼损毁严重。第三楼顶部现已坍塌。第四楼也只剩下部分楼橹（古代军中用以瞭望、攻守的无顶盖的高台），但敌楼北面侧墙已塌。第五楼保存相对完好，只是箭窗都已破成大洞。第五座与第七座敌楼之间连有山路，地势较为平缓。第七楼处于这一带的制高点，海拔约为800米。从这里向西面瞭望，山景尽收眼底。第八楼在第七楼下面不远的山洼处，后面是蜿蜒陡峭的山脊连接的第九、第十楼。最后的第十一、十二、十三楼则建在西南面与第十楼隔沟相望的山上。第十二、十三楼之间相距仅几十米。

黄峪沟长城在古北口西沟一线上，是一处很短的残长城。这段隐藏在深山中没有经过修葺的残长城因其险峻的地势成为古北口长城的代表。黄峪沟长城中最大的特色是圆形敌楼，基本集中在水关长城一线。其他长城上的敌楼大多是方形或长方形的，黄峪沟长城保存得如此完好的圆形敌楼是非常少见的。

卧虎山长城全长约4.8千米，坐落在古北口长城的西边。这段长城地势陡峭，海拔较高，敌楼众多。有极为罕见的扁形楼、圆形楼、半边楼、双垛口和“刀把楼”，还有由北齐长城、明砖长城、明石长城、长城支城等汇聚而

成的“长城之结”。此段长城大多修建在险峰断崖之上，雄奇险峻，走势极富变化和韵律。有的地方垂直壁立，有的地方又几乎是悬空，整体看上去险象环生，但却极有建筑特色。周围的雾灵山、蚂蚁岭、密云水库和桃山也使得卧虎山长城的风景更加迷人。

古北口长城段还有五里坨长城、金山岭长城和司马台长城等。这些长城并不是在同一时期内建成的。作为最完整的长城体系，古北口长城发挥的军事防御作用不容小觑，在历史上无疑是守卫北京城最有效的军事屏障之一。

» 卧虎山长城

» 金山岭长城

三、古北口长城抗战

古北口自古以来就是兵家必争之地，抗日战争时期，这里又成为长城沿线抗战的中心。1933年，面对强大的来犯日军，中国军队在这里进行了两个多月的拼死抵抗，众多将士献出了宝贵的生命。

1931年"九一八"事变后，中日战争爆发，日本迅速占据东北三省。1933年初，日军用武力占领了山海关，继而将枪炮指向冷口、喜峰口、古北口等长城重要关口。素有"京师锁钥"之称的古北口自古以来便是长城上战事频发的关隘之一。在抗日战争时期，这里更是发生了极为惨烈的长城抗战——古北口战役。

长城抗战古北口战役分为三个阶段，即古北口保卫战、南天门阻击战、石匣地区阻击战。

1933年3月5日，日军第8师团的先遣部队第16旅团和骑兵第3旅团进逼古北口。面对兵力、装备均占优势的日军，驻守在古北口的东北军67军寡不敌众，节节败退。中央军第17军被紧急派往古北口。3月11日破晓时分，日本发起了全线总攻，将军楼主阵地失守，古北口正面长城阵地至此全部落入敌手。

日军攻占古北口正面关口后，即乘胜向龙儿峪一线阵地包抄攻击。12日，日军增加重炮和飞机向17军25师发起全面进攻，设于关帝庙的25师指挥部被敌军机枪封锁，通信设施全部被毁。25师被迫开始退守南天门预备阵地，留下145团的7名士兵扼守着帽儿山，阻击日军。日军飞机和重炮反复轰击，又组织步兵强攻，才攻克山头，结果发现只有7名中国士兵的尸体。日军十分震惊，将尸骸葬于山下。

4月20日至28日为南天门阻击战。南天门阵地位于古北口镇西南约4千米处，东起潮河右岸黄土梁，西至长城八大楼子，南天门居其正中。八大楼子山高路陡，易守难攻，是防守南天门的制高点。4月20日深夜，日军偷袭八大楼子阵地，用飞机、重炮猛轰南天门中心阵地，继而发起一次次猛攻，中国守军

» 俯瞰古北口

顽强阻击，与敌竟日激战，伤亡惨重，阵地防御工事全毁，被迫于28日晚撤至南天门以南。日军也无力再攻，双方再次形成对峙状态。

古北口战役的第三阶段是自5月10日至19日石匣一带的阻击战。5月10日始，日军在飞机、大炮、战车掩护下，向中方阵地发起全线攻击。11日下午，中国守军伤亡过半，被迫后撤至预备阵地，旋即由第2师接替防守。12日，日军出动4个旅团发起全线进攻，中国守军进行了拼死抵抗，但自身伤亡巨大，不得不且战且退。

5月15日，在获悉日军有“允许谈判解决战端”的意愿后，第17军即奉命全部撤出密云。但日军并未停止南侵。19日，日军不战而克密云县城，而后继续向怀柔、顺义推进，其主力进至距北平城东北25千米处方止。5月31日北平军分会参谋本部厅长熊斌与当时的日本关东军参谋副长冈村宁次签订了《塘沽协定》。

古北口战役从1933年3月5日中日军队接战始，到1933年5月19日密云县城沦陷止，历时75天，是长城抗战中历时最长、双方兵力投入最多的战役。我国士兵在敌强我弱、外无援兵的情况下，同仇敌忾、浴血奋战，以伤亡1.2万余人

» 长城抗战古北口战役纪念碑

的代价，毙伤日军5000人以上，消灭伪满蒙军2000余人，给日军主力第8师团等以前所未有的沉重打击。战后360余名阵亡将士的遗体被葬于古北口南门外。坟茔直径18米，高8米，俗称“肉丘坟”。1997年北京市将其定为文物保护单位，并定为爱国主义教育基地。墓前立一块花岗岩碑，碑的阳面正中刻着“癸酉年古北口战役阵亡将士公墓”，右侧刻着“中华民国二十三年三月”，左侧刻着“国民政府军事委员会北平分会立”。碑的阴面刻着收殓阵亡将士遗体的经过。公墓西侧还建有“长城抗战古北口战役纪念碑”，碑阳面正中12个大字的碑文由民革中央原主席何鲁丽题写。阴面碑文简要地记载了古北口战役的经过。

这些烈士在战场上用鲜血和生命捍卫了民族尊严，谱写了可歌可泣的抗日英雄篇章，他们的英雄事迹将永载史册。

第四节 长城博物馆——司马台长城

司马台长城位于古北口镇司马台村北，是古北口长城中最具规模、最为壮观的长城。其城墙依险峻山势而筑，并以奇、巧、险、密著称于世。中国著名古建筑学家罗哲文曾评价：“中国长城是世界之最，而司马台长城堪称中国长城之最。”

司马台长城东起望京楼，西至后川口，全长5.4千米，设敌楼35座（包括已毁的水中楼1座），是古北口长城体系中极其重要的一部分。长城被司马台水库分为东西两段。东段有16座敌楼，西段有18座，分布密集、形式多变、结构各异，楼间距平均在100~200米之间，极其雄奇壮丽。东段长城之巅有两座显眼的敌楼，即仙女楼和望京楼。尤其是望京楼，建造在海拔千米的陡峭峰顶，景观绝佳。

一、“以险制塞”的司马台长城

整段司马台长城地势险拔，集万里长城众多特色于一体，构思精巧、设计奇特、形态各异，有“长城博物馆”之称。

沿着刀削斧劈似的山脊修筑的司马台长城蜿蜒曲折、惊险无比，有的山脊外侧是悬崖，本身就起到了很好的防御作用。长城修到这些地方便顺着山势筑起城墙，敌人根本没办法直接上来，很好地体现了古人修筑长城时“以险制塞”的重要原则。司马台长城上的“天梯”和“天桥”便是这类墙体的代表段。

天梯中有一段建造在窟窿山上，另一段建造在峭壁之上。窟窿山因其下有天然大洞而得名，呈桥形，两侧都是绝壁。天梯依山而建，所在之处与地面近乎直角，单面墙体上筑有障墙，障墙边供人通过的墙最窄处还不足半米宽。墙顶狭窄，两侧又都是悬崖峭壁。从下往上看，墙呈梯状，直插云霄，让人心中生畏，

» 司马台长城

俯瞰更是令人胆战心惊。

天梯的顶端便是天桥。天桥长不过百米，墙体宽的地方有50余厘米，窄的地方则不到40厘米，不足一人肩宽。而天桥上的老虎嘴，更是险中之险，若要通过就必须紧贴石壁，扣紧石缝一点一点地挪动，稍有不慎就可能跌入万丈深渊。

» 司马台长城“天梯”

除了险峻的城墙，形式多样而奇特的敌楼建筑也是司马台长城一个显著的特点。

敌楼有单眼楼、双眼楼、三眼楼、四眼楼和五眼楼以及单层楼、上下相通的双层楼和三层楼等各种类型。它们均为空心敌楼，大小不一、形态各异，是按驻军的官衔等级、驻防人数以及地势险要程度建造的。从建造的内部结构来看，有砖结构、砖木结构、砖石结构，又有单室、双室、多室之分；房间布局有“田”字形、“井”字形等。除此之外，楼顶形式也是多种多样，有平顶、穹窿顶、八角藻井顶、覆斗顶；就连门窗也新颖别致，有中间门，有砖券和石券门，还有技艺精湛的雕花花岗岩石门。如此繁复的结构设计让这些敌楼成为长城上最珍贵的历史文物之一。

司马台长城上的敌楼除了设计复杂之外，还有一个特点是密集。按照当时明朝的规定，每隔500米要建造一座敌楼。但在司马台长城上，敌楼建造得十分紧密，两座敌楼之间最近的距离只有几十米，最远的不过300多米。全长还不到6千米的司马台长城上共建有敌楼35座，这在长城修建史上是绝无仅有的。

整个明朝的长城建造技术达到了古代长城建造的顶峰，而司马台长城的修

» 司马台长城敌楼

筑是在明朝修筑长城的基础上进一步革新技术进行的。司马台长城构造在溶洞上，洞和城被巧妙地结合起来，这在整个明长城中绝无仅有，令人称奇叫绝。

二、仙女楼和望京楼

过天梯、天桥之后，便可登上一座极具特色的楼，便是“仙女楼”。传说这座仙女楼是由一只漂亮的羚羊变成的，莲花仙女见其精美脱俗，便居住在里面度夏，故而得名。

仙女楼是长城上最美的一座敌楼，掩映在老虎山腰的树丛中，下部条石合缝，上部磨砖达顶；内部用青砖砌成两道大拱，3 条甬道，10 个券门；顶部正中心为八角藻井，四边建有 4 个砖柱；汉白玉券门上刻有精美的并蒂莲花浮雕。如此精巧的设计和装饰在整座长城上绝无仅有，矗立在险峻的山巅的仙女楼仿佛不是人间战争的防御设施，而是一座仙境楼阁，给坚硬的长城增添了一道柔美的风景。

经过仙女楼继续前行，便可见到另一座极具特色的敌楼——望京楼。

望京楼海拔986米，是司马台长城上最高的敌楼，巍然屹立在司马台长城东部的制高点之上，与燕山山脉第一峰——雾灵山对峙相望。这里视野开阔，隐约可见北京城轮廓，因此得名“望京楼”。

» 仙女楼

高险的望京楼坐落在千米高的山顶上，楼两侧是悬崖峭壁，人只能从石缝中攀登而上，其修建的难度可想而知。传说当年修筑时，为了搬运条石死伤了许多人，但条石仍运不上去。此事感动了玉皇大帝，他立即派二郎神下凡。当晚，二郎神用法术把条石运到了山上。一个士兵不小心见到了二郎神，一声惊呼便往回跑。二郎神听到有人喊叫，也吃了一惊，随即腾身上天，却不慎将几十块条石踢下山去，落在东面的山坳里。就这样，修筑望京楼的条石就缺少了几十块。如今，人们登上望京楼可看到楼底12层奠基条石中有5层是用碎石块垒砌的。而那些被二郎神踢下山去的条石，仍然堆放在山坳里，当地人称此山坳为“条石坳”。

传说终归只是传说，但从中可以看出的是修筑长城的危险与困难。单就传说中提到的运送条石来说，中国古代的劳动人民就采用了绞盘、滚杠、撬棍、脚手架等几乎所有能使用的工具。且在如此险峻的山峰上工作，甚至不知有多

» 司马台长城望京楼

少工匠牺牲了自己的生命。先人们用自己的汗水、智慧乃至生命，完成了工程建设，创造了一个伟大的历史奇迹。

处于制高点的望京楼也是万里长城中观赏景色的最佳地点。站在望京楼上眺望，向东可见“雾灵积雪”，向西可见“蟠龙卧虎”，向北可见“燕山叠翠”，向南可见“水库明珠”，整个长城周围的壮丽风景可尽收眼底。

三、具有灵性的鸳鸯湖

险峻雄伟的司马台长城被长城下的一汪碧泉拦腰截断，这便是“鸳鸯湖”。

鸳鸯湖约 2.3 万平方米，由冷泉和温泉汇聚而成，故称“鸳鸯湖”。热泉来自于司马台西边的长城根下，流水温度终年保持在 38℃左右；冷泉来自于司马台东边山根下，与西边长城下的泉水相反，终年冰冷刺骨。二泉相距不过几十米，却冷暖差异巨大，一冷一热交替注入湖中，形成了独特的景象。

» 鸳鸯湖

关于鸳鸯湖的由来有一则传说。司马台原本没有水，明初时，开国功臣刘伯温到雾灵山视察地形，时值盛夏，天气炎热。刘伯温率人行至半山腰一巨石处，忽然一阵凉风吹来，众人顿感舒爽。刘伯温随即挥笔蘸水写下“雾灵山清凉界”6个大字，然后把笔往后一甩，言道：“水滴落之处应赐暖热、清凉泉水，以供百姓四季享用。”这滴水恰巧落在了现在的“暖泉口”。从此，这里便有了常年流淌不息的温泉和冷泉。

经过600多年风霜洗礼的司马台长城至今仍然较为完好地保存着明长城原貌，这与明朝当初的“精心设计和精心施工”是分不开的。司马台长城不仅有绚丽的风光，更是一座研究长城历史文化遗产的宝库。近年来，人们在这段长城上发现了许多文物，有明代铁弹丸、火药勺以及士兵用过的生产生活用具，如锄头、铁铲、菜刀、铁灯碗等。这些文物为研究明代长城及明代历史提供了很有价值的实物资料。

第五节　风景独秀的巨龙——慕田峪长城

在距离北京市中心约73千米的怀柔区内，坐落着“危岭雄关”的慕田峪长城。慕田峪长城西接居庸关，东连古北口，与居庸关、镇边城等关口构成一个完整的防卫体系，一直是拱卫京师、皇陵的北方屏障。慕田峪内重峦叠嶂，树木葱郁，景色秀美，“万里长城慕田峪独秀”之美名享誉中外。

一、先修长城再建关城

慕田峪长城是我国现存明长城中保存最完整、最具有代表性的段落之一。这段长城与其他长城关隘相比，最大的不同体现在修筑顺序上，其他长城关隘一般都是先修建起关隘，再修建长城，而慕田峪长城是先修长城再修关隘。这也是慕田峪长城的独特之处。

» 慕田峪长城

慕田峪长城最早的修建可追溯到南北朝时期，由北齐国始建。到隋唐时期，朝廷曾多次派兵修葺。明洪武元年（1368），大将徐达奉朱元璋之命在慕田峪长城遗址上重建此段长城，清同治十二年（1873），《迁安县志》上对此有过记载：“明初，徐中山筑边城墙，自山海关西抵慕田峪，一千七百余里，边防可云密矣。”明太祖之所以选择在慕田峪修筑长城，主要原因是元人虽然北归，但依然屡次进犯、意图复兴；慕田峪位于居庸关和古北口关之间，是军事战略要地，自然成为敌人重点进攻的地段。因此在这里修建长城是必然的防御措施。

1402 年，明成祖朱棣即位。这时的明朝虽处于强盛时期，但漠北草原的蒙古贵族鞑靼、瓦剌诸部仍然不断南下骚扰抢掠、扰乱边疆。为加强军事防御，明永乐二年（1404），明成祖命人在北京怀柔慕田峪村北修建了一座关隘。这座关隘在刚建起时，并没有被命名为“慕田峪关”，因其地处沟谷，似抬头仰望，长城从关隘伸出，攀山而行，直上青天，故名“摩天谷关”。后来，由于“摩天”与“慕田”的读音接近，且“谷”和“峪”又是通假字，人们便渐渐地把此关叫作慕田峪关。关城长约 40 米，宽约 30 米，高约 20 米，分成上下两层，底层相通，有室多间，可用于屯粮、屯兵。一边是塞外匈奴驻地，一边是入京通道，一边又是进入皇陵的捷径，战略地位十分重要。

关隘始建时，明朝朝廷便派兵驻守此地。为加强对边防务的督察，明永乐元年（1403）至景泰七年（1456）间的 50 多年里，朝廷一直派大臣经略边务，数年一遣。正德元年（1506）以后，朝廷改派大臣为专设巡边御史，改数年一遣为巡边，御史会在每年年终把边防情况绘图具册，上报中央。巡边御史出巡时，带有皇帝签发的“玺书”，到各关隘巡视的任务是检查城堡的修缮、军械的调发、烽堠防御制度的制定以及尺籍的记录等关防情况。不仅如此，到嘉靖元年（1522），明朝廷在慕田峪关置守备一员、千总一员、把总两员。为了便于巡边御史检查慕田峪关隘等处的防务，嘉靖三十五年（1556），新任巡边御史杨右泉重新修建了供巡边御史用的官署，后来定名为“察院”。军事建制的加强使得慕田峪关在守卫京城上发挥了更为重要的作用。

到了明朝中期，长城多处遭到毁坏。隆庆二年（1568），明穆宗朱载垕特命戚继光对包括慕田峪段在内的长城进行了整修。经过此次修整后，慕田峪长城一直保存至今。

二、三面极目观巨龙

慕田峪长城依山势而建，多建在外侧陡峭的崖边，以险制厄。墙体高 7~8 米，墙顶宽 4~5 米。其他段长城多为单面垛口墙，但在慕田峪长城段，墙顶两边都建有矮墙垛口，这起到了两面拒敌的作用。这些垛口呈锯齿状，射洞筑在垛口的下方，顶部呈弧状的方形孔，外侧还挖掘有挡马坑，使防御功能更加完善；建筑材料则以花岗条石为主。

» 慕田峪长城大角楼

在慕田峪关东侧的制高点处有一座较大的敌楼——大角楼，现称“慕字一台”。此楼在历史上是蓟镇长城和昌镇长城的分界点，往东为蓟镇所辖，往西为昌镇所辖。大角楼三面均筑有长城，一条向西，与八达岭相连；一条向东，与古北口相连；一条向南，为内支城。因从长城任何一个角度看，这里都似一个城角，故名大角楼。站在大角楼上可看到三面均有长城，这便形成了慕田峪长城上著名的“三面极目观巨龙”。

慕田峪长城上敌楼密集，从慕字一台，即大角楼，到慕字四台正关台不到500米，就设敌楼4座；从慕字一台到慕字二十台，长度仅3千米，敌楼、敌台、墙台、铺房就有25座。这种百米左右就有一座敌楼的长城段也是不多见的。

慕田峪长城内、外支城并存。支城，即在主长城之外根据战事需要顺山势修出的长城。慕田峪的外支城即连接慕字十一台的长城，内支城即“秃尾巴边”。

为了控制制高点，减少对主城的威胁，明朝修筑了“刀把楼”。“刀把楼”与两侧加修的垛口可以有效地结合，还设置了滚木礌石孔，从而形成夹击之势，可攻可守，更有效地杀伤敌人。

站在慕田峪长城上，头顶上是蓝天白云交织的美景，脚下是蜿蜒的长城，这两种壮观的景象交织在一起，更值得人留恋。说起慕田峪长城，相对高度变化较大、具有立体感是慕田峪长城的另一个特点。关城大多建造在地势最低的地方，海拔仅有486米，往东的方向地势却陡然上升，至大角楼（慕字一台敌楼）不到500米长的距离，就有117.2米的落差。往西，从慕字四台敌楼（即正关台）至慕字十九台敌楼，起伏并不很大，从慕字二十台敌楼至“牛犄角边”最高处，只有近10座敌楼的距离，就从486米上升到1039.6米，地势也是陡然变化，从而使得在几百米的长城建筑上出现了这样的地势起伏、落差极大的敌楼分布。

三、风景如画的慕田峪

慕田峪长城地处群山环抱之间，气候湿润暖和，适合林木生长。明人有云："慕田有谷异寻常，主人卜筑成西堂。借问谷中何所有，千树桃花万树柳。"慕田峪的春天群芳争妍，夏季溪水潺潺，秋季满山红艳，冬季白雪皑皑，不愧"万里长城慕田峪独秀"的美誉。

长城专家罗哲文先生曾写道："在人们印象中，似乎所有长城都在荒山野岭之上，殊不知慕田峪长城却处在万绿丛中。"植被繁茂是慕田峪长城的一个重要特色。这里的植被覆盖率达到96%。走进慕田峪，就会被山上的松林苍翠、草木茂盛所吸引。一座座青山间乔木葱郁，有人工培植林，有茂密的野生林，还有山村的果农们培育的大片果林。

慕田峪关以其独特的构造，坐落在险峻山峰之间，扼守着关口内外通道。

» 风景如画的慕田峪长城

曲径通幽的山谷，山坡植被茂密繁盛，花草交织，绿荫浓郁，蜂飞蝶舞，鸟语花香，这使得慕田峪关与长城组成了独具秀色的景区。它魅力四射，让人流连忘返。美丽的景色也曾吸引美国前总统克林顿来这里参观。这道曾经的军事屏障，在21世纪到来之际已经变成中国著名的5A级景区。

2014年，慕田峪长城景区对外开放31周年。随着综合旅游服务区的华丽亮相，气派的大门、宽敞的停车场、舒适的休息区为游客提供了全新的体验和享受。综合旅游服务区集长城文化展览中心、仿古商街、现代餐饮街三大功能区于一体，大幅提升了慕田峪长城的游客接待与服务能力。景区面积由原有的8平方千米扩大到24平方千米，日接待能力由1万人次提升到3万人次。

群山环抱、绿树掩映的慕田峪长城历史悠久，文化灿烂，构筑风格独特。现在的慕田峪长城虽然没有了古代重要军事战略地位的支撑，但仍然是我们研究北京长城必不可少的珍宝。它是我国古代建筑的骄傲作品，是我国古代文化留下的重要实物资料。作为世界文化遗产，它已经在新的历史时期成为连接中华民族和世界各民族之间团结友谊的纽带和桥梁。

第六节 中国最美的野长城——箭扣长城

箭扣长城东连慕田峪，西接大榛峪，北侧为雁栖镇西栅子，南侧为渤海镇田仙峪。箭扣长城是北京境内一段最险峻的长城，它的很多景点充分展现了长城的“惊、险、奇、特、绝”，能够让人们领略到原汁原味的长城景观。美与险是箭扣长城的代名词。整段长城因蜿蜒呈“W”状，形如满弓扣箭，故得名“箭扣”。由于一直未对外开放，箭扣长城也被誉为“中国最美的野长城”。

» 箭扣长城

一、明朝的田仙峪长城

箭扣长城原名为田仙峪长城，因关口内曾建有田仙峪寨而得名。那时候当地人俗称这里为“涧口”，意为两山之间的低洼处。这里还有小路可通关外的西栅子。由于道路险塞，山高林密，故游人罕至。箭扣长城包含贾儿岭口和田仙峪口，清代《日下旧闻考》记载：“渤海所下隘口七：慕田峪关永乐二年建，贾儿岭口嘉靖十五年建，田仙峪寨永乐二年建……”据此推算，箭扣长城至少已经存在了 480 多年。

明代时，箭扣段长城归属昌平。明弘治年间（1488—1505），蒙古鞑靼部迅速兴起，遗留边外的朵颜部虽然表面上已经依附明朝，但背后却为鞑靼或瓦

刺部袭扰边关做向导。日子稍微安逸一点，朵颜便举兵叛明，朝廷于是派兵收服，朵颜又上表乞降，求为明藩属。朝堂大臣们聚首廷议几句，朵颜由叛贼又变成了忠仆，过不了几年，朵颜又叛……如此周而复始，反复无常。

田仙峪长城段虽在史籍中所记甚少，但发生于怀柔长城的几次大的战事中都有朵颜袭扰的记载。频繁的战事、易攻难守的地形特征，使这一带长城修建得十分坚固，也为后人留下了丰厚的人文史迹。

二、奇险箭扣展无限风光

箭扣实际是一大段长城的总称，它从“牛犄角边”开始，经过“正北楼”“小

» 箭扣长城东段

» 箭扣长城西段

布达拉宫”“将军守关”“天梯”“鹰飞倒仰”“北京结”，直至“九眼楼”，全长20多千米。

“无限风光在险峰”，箭扣长城曲折多变、波澜壮阔，其中自然有不少雄奇之处。沿着断垣残壁，穿过矮树丛林，踏着先人足迹探访每一座饱经风霜的城楼，只见残破却又壮观的砖石长城绵延于崇山峻岭之中，那荒凉沧桑、不事雕琢的美不禁令人赞叹。

“牛犄角边”极具气势，过慕田峪长城西行，山腰处的长城突然“不顾一切”地抢占制高点，直冲山顶，在山顶立一敌台后，又突然下降，反身向下返回山腰，又骤然升起，直到海拔最高的地方，绕了一个大弯。这一弯，形状酷似牛犄角，雄浑苍劲。

此后，长城一路向西，山越来越陡，路也越来越险。这时能看到一处正南正北方向的敌楼，方方正正地矗立于山顶。站在此处看指北针，一度都不差，这就是大名鼎鼎的正北楼。因为它位于田仙峪正北，故得名，也有人叫它“镇北楼”。楼内楼外，基本保存完好。驻足正北楼，西北方向的长城尽收眼底。

再往前就是“小布达拉宫”，它巍然屹立在白色的花岗石上，仿佛西藏布达拉宫再现。这里右临悬崖，左临峭壁，一处4米左右无扶栏的阶梯甚为陡峭，攀爬至此必须手脚并用。过去人们称这里为“油篓顶”，因这里山峰高耸，巉岩裸露，犹如古代盛油的油篓，故得名。此处是实心台，且过于陡峭，两边的长城只能修在敌台脚下。长城内侧修有登城券门，由此沿台阶攀缘而上可达台顶。远远望去，参差错落，与布达拉宫真有几分形似。

“将军守关”位于箭扣关口西侧。此处敌楼与众不同，不是建在长城上，而是建在城外，由一条短短的支墙连接。敌楼坐落的位置正好是个山顶，有它的存在，既可以瞭望敌情，又可避免长城外侧为敌人留下进攻的平台，可谓攻守兼备。

“将军守关”西侧就是著名的“天梯”。经过一段平缓路段后，山势突然奇峰突起，直接云天。长城贴在悬崖峭壁上，施工精细，构造坚固。这是一段七八十米 长的山崖，长城在这里就是一架梯子，把人们引向遥远的天际。如今，这里的墙体破败不堪、雄浑苍凉，别有一种深沉的残缺之美。

再往前就是“鹰飞倒仰”，箭扣长城最险峻的一段。这里的山势状如雄鹰，有鹰头、鹰身，还有展开的双翅。“倒仰”是形容山高而险，整个 150 米左右长的塌方段，正好是一座山峰垂直的切面，老鹰到此也不得不翻身仰飞才能越过。大自然的出神入化与鬼斧神工在这里融合成人间奇迹。

三、秀美卧佛岭

“鹰飞倒仰”右手位置有一个佛头形状的山顶，地图上标注为“卧佛岭”，当地村民称之为“佛头”。如果从田仙峪方向远远地向西眺望，卧佛的轮廓非常清晰。

通往卧佛岭没有大路，可选择绕行，但绕行的小道并不明显，就挂在悬崖上，异常危险，又因树木葱郁，遮天蔽日，容易迷失方向。从刀削一般的高处下行，没有台阶，更无扶手，只能借助旁边的树木、枯枝、荆棘、裸石小心翼翼地攀爬下来，其艰难程度可想而知。

» 鹰飞倒仰

论及卧佛岭的景致，自然至美。野径伸展，林木葳蕤，还有不知名的野花夹杂其中。阳光从树叶的缝隙里投射下来，打在地上呈现星星点点的痕迹，更显明媚。一阵风吹过，满眼是飞絮。

因为险，少有人来，它安静，没有无谓的嘈杂，可以让人静下心来细细品味。它以美景相向、山路指引，让你甘心一步一步地追寻。它同时又苍凉，时光的流转已经改变了最初的模样，颓败的痕迹与勃发的绿色形成了鲜明的对比。

箭扣长城以“险”闻名，晚清诗人刘庆堂更是感叹其“攀跻之难，殆过蜀道”。也正因为如此，这段长城的景致别有一番风采。其周边群山起伏，沟壑纵横蜿蜒，植被茂密。近处，绿树浓彩重抹，巨浪般渐渐向前方推涌而去；远处，云蒸霞蔚，如烟似雾。群山奔涌中的箭扣长城随着山势由低向高，又由高向低，其中有两处悬崖，城墙已不见踪影，通往前方的路几近中断，几经探寻，峰回路转。

箭扣长城绝美的风姿吸引了大批游客到此观光，更有不少旅游者擅自攀爬，给长城造成了严重的破坏。2016 年，政府对此处展开了修缮保护工程。此次修缮过程严格遵循“最小干预”的理念，采取“先考古，后修缮”的方式，最大限度地保留历史原貌。至今，箭扣长城仍以沧桑的身躯展示着险峰之上的无限风光。

第七节　一脚踏三省——红石门长城

平谷境内明长城是北京长城文化带的最东起点，全长 48.52 千米，习惯上称为“百里长城”，因墙体为山石所垒砌，又称“北方石长城”。平谷石长城保留了原始古朴而又宏伟壮阔的风貌，在北京市境内的长城文化中极具特色，具有弥足珍贵的历史和文化价值。2001 年，平谷境内长城被国务院公布为全国重点文物保护单位。

红石门长城位于北京东部平谷区金海湖镇红石门村，距市区约 110 千米，是平谷境内的第一段长城，也就是明代长城进入北京境内的起点。近些年来，其独特的地理位置、连绵起伏的山势和绮丽秀美的风光一直吸引着京津冀周边大批登山和旅游爱好者。红石门长城因其有一段墙体横跨京津冀，即位于北京、天津、河北三省市交界，故也被人俗称“一脚踏三省”。

一、清代守护皇陵的禁地

历史上，北齐文宣帝高洋曾多次修筑长城，史籍中也曾多次记载。天保六年（555），文宣帝“诏发夫一百八十万人筑长城，自幽州北夏口，西至恒州，九百余里”。天统元年（565），幽州刺史斛律羡“自库堆戍东拒于海，随山屈曲二千余里，其间二百里凡有险要，或斩山筑城，或断谷起障，并置立戍逻五十余所”。由此可以得知，天保六年（555）北齐筑长城起止点为幽州北夏口至恒州。10 多年后，斛律羡将天保六年所筑的长城，从昌平区南口镇一直延长至渤海之滨。所以，那时修筑的长城应该会从平谷地区经过，后人在其基础上进行沿用和修筑也并不是没有可能。这段长城是否就是北齐长城，需待有关专家进一步考察论证。

明代继历代再修万里长城，在军事上，万里长城边防被分为九镇统辖。蓟镇东起山海关，止于八达岭石峡峪，为边防“九镇”之一，负有保卫京师的重任。蓟镇之下又分三协，三协之名始于明嘉靖末年，以四路为一协，石塘岭、古北口、曹家寨、墙子岭为西协；马兰峪、桃棚峪、喜峰口、太平寨为中协；燕河营、台头营、石门寨、山海关为东协。平谷境内明长城段属西协墙子岭、中协马兰峪管辖，红石门长城属中协管辖。

明代后期，长城逐渐不再受到统治者的重视。崇祯十一年（1638）九月，清兵从今密云区墙子岭入关，后连克黑峪关、黄家寨、古北口、将军关。直至明亡清兴，清王朝以满蒙联姻和主动出击方式稳固边关，不再大规模修筑长城，原有的边关重镇失去了旧有的北防军事作用。然而明长城平谷段却被继续使用，以守护清王朝东陵及东陵“封禁之地”。

清政府为达到封禁的目的，通过制定律法高规格设置保护机构，严格落实保护措施。在禁区内先后埋设红、白、青三色木桩，以划定保护区的范围，并开挖内、外、里三条火道，原居民全部被驱赶迁移至火道边界以外居住。红桩内不准居民涉足，严禁耕种、栽果、埋坟、砍伐、狩猎等。青桩、界石范围内虽允许居住耕种，但严禁偷伐树木、私挖药材、打窑烧炭。雍正年间（1723—1735），朝廷在将军关等地设把总，长期驻扎兵丁，专门负责禁区的守备。《大清律例增修统纂集成》明确规定，平谷、密云等为“附近陵寝禁地”。乾隆四十五年（1780），墙子岭增加青桩 320 根，青桩总数达 1158 根。道光二年（1822），在墙子岭、杨家堡、镇罗关等处，不拘里程，只以山树林边所止之处为界，立界石 6 块，界石上刻有“禁地官山界石”字样。

但这样的做法并没有给清王朝带来“万年之业”，随着清王朝的日渐衰落，清东陵以及禁区的看护工作也很难再维持下去。自清顺治十八年（1661）始在遵化马兰峪修建东陵起，至 1915 年开禁，前后共封禁 254 年。1916 年，平谷、密云、怀柔、蓟县、三河、玉田、遵化等地农民移居到此地，开始修筑房屋，开荒种地。

如今，平谷区境内明长城关隘、营寨多已无存，或残留遗址。名字或作为地名保存下来，如彰作、黄松峪、南水峪、北水峪、黑水湾等，至今还在使用。平谷境内的长城昔日防御建筑工程的军事作用早已不在，但其气壮山河的恢宏却依旧，它们在千年的历史长河中一直守护着善良纯朴的平谷百姓。

二、因地制宜，垒石为墙

1. 以险为障的百里长城

长城属于人工军事性防御建筑，为了节省人力、物力，在长城修筑中，陡山、深壑、湍流等自然之物必然会被古人所利用。“一夫当关，万夫莫开”，以山险置敌于死地，是古今战争中重要的战术。同理，长城的修筑也会因地域和自然环境的不同而选择不同的建筑材料以及建筑方式。

红石门长城段共有敌台 13 座，马面 2 个，登城步道 9 条。马道宽 1~3.3 米，墙体内高 2.4~3 米，外高 3.4~3.9 米，垛墙已无存。因其地处山区，当时的民工便以石筑城墙，除关隘、敌楼处用条石做基础，大城砖垒砌，其余皆就地取材，不加任何修饰，给人以粗犷豪放的自然之美。这种方法称为“干叉边”，老百姓俗称“毛石干垒”，也就是直接用自然的石块垒筑墙体，大石块之间的缝隙用小石块填充，在墙体内还会填充碎石等，民间俗称“碎石填心”。填充碎石的石墙墙体都会向墙体的中心线倾斜，其横断面为梯形，或稍有内倾的四边形，上小下大，收分明显，这是古代筑工们从长城坚固性和稳定性的角度考虑的。另外，明代筑工还会在石墙中使用石灰白浆勾缝，使石块间黏结力加强，减缓风雨侵蚀导致的墙体坍塌。“干叉边”石墙看起来构造简单，但结构稳定，坚固持久，虽然局部会有自然坍塌，但大部分墙体还是完好地保留了下来。

红石门长城上的敌楼均以石砌筑，为实心敌台，一般 6~10 米见方，高 2~3 米，建于城墙上，其台面高度与长城墙顶差不多，有登台顶的踏道，外侧砌有垛口，在敌人逼近城墙时便于御敌。

在北京平谷、天津蓟县和河北兴隆三地交界处的最高峰——大松木顶上，有一座特殊的敌台。这座敌台是红石门长城 1 号敌台，也是平谷区明长城 107 座敌台中的第一号。敌台北立面紧邻悬崖，呈梯形结构，上小下大，现仅存基座。1996 年，国务院下令在这座敌台上立了一块“三界碑”，碑体由水泥构成，呈正三棱体。正三棱体上面的正三角形边长约 40 厘米，碑高约 120 厘米，每一面都有碑文，分别写有“北京”“天津”“河北”，其下分别写着“111213 Ⅰ”“国务院”“1996 年”字样。碑下的圆形水泥地上由碎石为线分为三部分，西南侧刻有“北京”二字，东南侧刻有“天津”二字，西北侧刻有“河北”二字。这也是华北地区唯一立于长城墩台之上的三省市分界碑。

2. 守卫咽喉要道的关口

高大陡峭的山体，依山势而建的墙体，山中茂盛的林木都可以阻止敌人尤其是骑兵的驰骋。不过山中的沟谷、河谷、平地冲要之地，敌人却可以通行无阻。因此，古人修筑长城都会选择在这些地方设立关寨，以人工设防来弥补自然不足。此外，在绵长的长城墙体上，也必须留有可以出入车马便于交通的豁口。出于安全的考虑，城墙上的豁口有的不仅设有城门，通常也视其重要性修建有各种军防设施的城堡，这种与关口合而为一的城堡也被称作“关城”。

平谷的明长城有 5 座关口，依次为彰作里关、将军关、黄松峪关、南水峪关、北水峪关。这几处关口大部分设在河谷之中，均是以条石做基础，大城砖垒砌，且选择在有利防守的交通要冲处，便于控制交通往来，防止敌人入侵。

彰作里关地处金海湖镇彰作村，是明长城进入北京段东端的第一关，在红石门长城西端。据《四镇三关志》载：“永乐年建，正关下红石谷，墩空通多骑，极冲。”彰作里关已毁，现为平谷通往兴隆的两条路交接处。

此外，在红石门长城西北面的将军关，是平谷区唯一一处部分墙体是石外包城砖的长城段。此关地处金海湖镇将军关村村内，历史上是咽喉要道，兵家必争之地。此关又称将军石关，因近有巨石，传为守关将军点兵处，名将军石。将军石为高约 12 米的大岩石，南面嵌有两块石匾，均刻“将军石”三字，一为明成化年间（1465—1487）刻，一为明万历年间（1573—1620）刻。

此关地处两山相峙的谷口，山峦重叠，长城蜿蜒于东西山巅上，东山顶上还有一个方形砖砌地基，可能为当时瞭望台旧址。将军台大部分建筑毁于战火，

» 黄松峪水库及长城

将军石上的匾额也没能幸免，现唯有一块巨石屹立。现存的关城遗址，东西长120米，南北宽80米。关城内从防御角度设计的“丁”字街，在20世纪八九十年代仍然保持原有布局，街上建筑多已无存，近年开始进行改造。关城楼东侧遗存的敌台东西长20米，南北宽18米，残高8米，基础为大块条石垒砌，上为砖筑，内侧建一石券门，有阶梯通向上层。券门左右墙体砌10个“U”形凹槽，间隔2.9米，以异形砖拼砌，上深下浅，极为平滑。这些凹槽不是面向关外，而是设在面向关城一面，其用途或说为上下运送东西的溜道，或说为礌石口，或说为排水设施，尚无定论。在2002年、2011年及2013年，平谷区文化委对将军关遗址进行了抢险修缮。在这过程中，发现部分墙体、敌台中间以石头垒筑，外以单层或多层城砖包砌。由此可见，此段长城在历史上曾被多次修

缮。同时，工作人员还清理出礌石、铁炮、铁镐、铁铲、铁箭头及明崇祯七年（1634）“分修边墙城志”碑刻等多件文物。

三、京津冀协同发展的“桥头堡”

红石门长城段因其三省市交界的特殊地理位置被市政府列为修缮与利用的重点。到目前为止，平谷区组织实施了一批长城抢险修缮工程，修缮总长度已超过 10530 米。平谷区持续推进红石门长城保护规划编制，“十三五”时期将重点对红石门段长城进行修缮，以红石门至将军关段为起点，打造精品长城修缮项目，筹划红石门“一脚踏三省”长城景区。

此外，北京与河北、天津签订京津冀长城保护管理框架协议，推进三地交界的红石门长城、京冀交界的古北口长城、南口长城文物保护与利用区域发展规划，共同打造三地长城沿线抗战遗址宣传平台，加强三地长城保护联合执法、长城抗战历史研究以及人才交流培养合作。作为“京津冀协同发展桥头堡”和“北京城市副中心后花园”，平谷区红石门段长城成为区域经济社会一体化的制高点，也预示着京津冀文化协同发展的形势。

第八节　直冲云天的十八蹬——黄花城长城

黄花城长城又名“金汤长城”，位于北京市怀柔区城关镇西北 29 千米处，距北京 60 千米。这段长城东起小长峪，西至撞道口，全长约 4 千米，边墙长约 3300 米，有空心敌楼 13 座、附墙台 2 座、实心敌台 1 座、东西城堡各 1 座。该段长城为石条结构，雄伟险峻、巍峨古朴，是明长城的精华所在。

这段长城之所以被称作“金汤长城”，是因为其所处的地理位置极其重要，是历史上著名的军事要冲。关口附近的岩壁上有“金汤”石刻，意为“固若金汤”，为明万历年间（1573—1620）所题，足见这里关口的险要。

一、黄花古镇暮云间

“天险曾开百二关，黄花古镇暮云间”，这是明代诗人章士雅《黄花镇》中的诗句。距今 420 多年的诗人笔下的黄花镇就是今日的黄花古镇，足见黄花镇历史之悠久。

黄花镇与黄花城并不是同一座村庄，二者相距 2500 米。两个村庄都以“黄花”命名，东为“镇”，西为“城”。当地人常常省去“黄花”，以“镇上”“城上”称之。这两个村庄确实存在着历史渊源，黄花城成村稍晚于黄花镇。

据说，“黄花镇成村不晚于金代”，就是说在金代以前，已有“黄花镇”。

隋唐时期，幽州辖燕山都护府，府下设有军政合一的“镇”。黄花镇的“镇”与现在的“村镇”显然不同，这里的“镇”是个军事单位。古时在边境驻兵戍守称为镇。明景泰四年（1453），塞外诸夷不断进犯。为加强防守，便于指挥调动，朝廷于头道关内（今黄花城位置）建筑堡城。城建好以后，黄花镇的军事指挥机构转移至此，为了与原来的黄花镇区别开来，称之为“黄花镇城”，后简称“黄花城”。

据村内老人回忆，当年城内庙宇众多，不下十几座，还有古树、古井，如今已经很难找到当年的踪迹了。黄花城城墙毁于 20 世纪 60 年代，村中现存断断续续的几十米城墙，墙体残破、城砖全无，斑驳的石头上长满了杂草树木。

» 黄花城长城

二、固若金汤本镇口

黄花城长城建筑得异常雄伟坚固、大气磅礴。登上长城，可以清晰地看到三道长城防线的轮廓。

黄花城关口，旧称本镇口，亦即头道关，是黄花城长城的第一道关口。由此向关外延伸，还有二道关、三道关，层层设防，极具防御纵深，可谓关卡重重、墙高城险。本镇口当年曾建有关门城楼，修建黄花城水库时城楼被拆除。当年重关锁钥的关门，如今成了黄花城水库大坝。一湖碧水为古老的长城增添了灵秀之美。长城脚下的农舍，鳞次栉比，红火热闹。

关口附近的石壁上，有题写着“金汤”二字的摩崖石刻。石刻上每字有 2 米见方，阳刻正书，敦厚端庄，十分醒目。右上小字题款“明万历己卯春”，左侧落款“金陵吴臣书”，上下款字迹今已模糊，很难辨认。明万历己卯年为 1579 年，说明该石刻距今已有 400 多年历史了，文物价值极高。

黄花城长城墙体高大，高为 6~9 米不等，平面呈梯形，底宽约 7 米，顶宽

» 黄花城水库

近 6 米，大部分墙顶平面宽阔平坦，可以容 5 马并骑或 10 人并行。墙两侧用花岗岩石条包砌，最重的石条差不多有 2000 千克。无论陡峭山坡还是平缓地段，石条均逐层水平垒砌、横架竖垒，咬合成一体，以灰浆合缝。

石条之上，再砌城砖三四层，每块砖重 15 千克。在坡度大的陡峭地带，墙顶表面筑成梯道，便于上下。城墙内部用泥土和石块填充。为了防止渗漏，城墙部分大都铺砌了三层城砖。城砖铺砌时外高内低，便于排水，雨水可从排水沟流入墙上的水嘴，再排出墙外，这叫“肥水不流外人田”。墙上面两边再加高，外侧的叫垛墙，内侧的叫宇墙或女墙，构造各不相同。垛墙为迎敌墙，高约 2 米，便于掩护人体，砌有成排的垛口，垛口与垛口间距约 1 米。修筑垛口用的砖均为特制，一边为斜面，码在口上，呈扇面状，外宽内窄。如此设计非常科学，观察面大。垛墙上部设有瞭望口，下部设有射孔。令人惊奇的是，部分射孔和瞭望口的砖面还雕有图案花纹。内侧宇墙高约 1 米，墙顶是一层脊砖。

虽经数百年岁月的风吹雨打，那些黏合的灰缝依然洁白如故。古人砌筑城墙的工艺非常注重细节，无论直线还是曲线，均柔和而坚固。那道道灰缝不仅坚实，表层还呈“泥鳅背”或“荞麦棱”状，非常美观，而且对近年来的修缮工程有很大的启发借鉴作用。

三、鹰飞倒仰猴难攀

距黄花城头道关仅 1 千米的小长峪口为黄花城长城东起第一个关口。《四镇三关志》记载：“小长峪口，永乐年建，通步缓。”小长峪关口西侧长城人称“几字弯”。远远望去，城墙就像一个大大的“几”字书写在一面山上。那“几”字右脚一钩钩住了关口，对此当地老百姓另有自己的俗称——“椅子靠儿”。从 2004 年开始，这段长城被分成三期进行维修，至 2007 年竣工。长城修复得很坚固，路面上的方砖很平，不用担心残砖碎石绊脚，只是坡度很陡，步步登高。

“几字弯”的最高点建有实心敌台，平坦开阔，视野非常好，十八蹬、九公山、黄花城水库都清晰可见。“几字弯”与贾儿岭的牛犄角边、驴鞍岭上的牛犄角边一样，都体现了不惜一切抢占制高点的长城防御战略，除非万不得已才过山谷，否则就修筑关城隘口。长城哪怕绕一段很长的弯路，再辗转回到对面的山头，都不会低头，不会潜藏躲避。这一条勇往直前、始终在最高处奔腾的巨龙，把一身的霸气淋漓尽致地展现出来。

“几字弯”8号楼附近、长城的西侧墙面上镶嵌着修城碑，为明隆庆四年（1570）所立，刻有“谭纶刘应节等将领及督工匠役若干人鼎建”字样。从碑文记载内容推算，这段长城从重修至今已有400多年的历史了。

从关口向东，一座山峰拔地而起，林木葱郁，路远山高。长城就沿着这乱石山脊直达山顶，这就是十八蹬。据说，北京的长城有三处最险：第一险是司马台段的望京楼，第二险是箭扣段的“鹰飞倒仰”，第三险就是小长峪的十八蹬。因为山势险峻，城墙修筑得也异常陡峭，最陡处是一段几乎成85度角的大陡梯。陡梯由十八级高高的砖磴连接而成，故被称为“十八蹬”。

据当地人传说，当年长城修到这里，因无法越过那如劈如削的山尖而愁坏了督工官。后来，一个民工看到民妇登梯上房，就建议把城墙修成阶梯形。城修好后，如一挂长梯垂于天际，于是取名“十八蹬”。

十八蹬大概有30多米，真如一架通天天梯挂在断崖上。抬头仰视，陡峭山梁上的长城几乎成垂直的坡度，只能看到天。底层台阶的砖石都已坍塌，山体裸露，人们勉强可以手攀脚蹬。民间有“十八蹬，高入天，鹰飞倒仰猴难攀；山高到底有多少，一个碌碡滚三天”的说法。

十八蹬最高点有碎石码放的玛尼堆标志，海拔约875米。山高城险，黄花城长城的每一处景观都彰显着举世无双的魅力。

第四章

多彩长城　京华览胜

长城从2000多年前的历史深处蜿蜒而来，总长约6300千米，饱经风霜却屹立不倒，见证了中国社会的兴衰更替。长城不仅是中国古代建筑史上罕见的军事防御工程，更是文化内涵丰富的稀世宝藏。长城脚下，遗存有数不清的文物古迹，庙宇、碑刻、村落等是长城文化的重要载体。因其雄伟壮阔的外形、独有的精神象征和文化内涵，中国古代的帝王将相与许多文人墨客都为之写下了很多诗文。这些古诗词流传至今，使得长城文化更富有灵动性与感染力。

第一节　古庙寒蝉青障里

长城驻军之处往往庙宇众多，这些庙宇除了可以满足戍边兵士们寻求心理安慰、寄托思乡情怀的需求外，还有约束军民行为或激励将士们忠勇奋战的作用。在古北口长城脚下的村落里，最鼎盛的时候庙宇多达 100 余座；发展到今天，规模较大的庙宇还留存有 30 多座，杨令公庙、药王庙、关帝庙、玉皇庙等寺庙依旧香火不断。古北口现今还有“一步三眼井，两步三座庙”的说法。

戍守长城的将士们来自全国各地，信仰也各不相同。因此，长城脚下的这些庙宇有着不同的功能。与战争相关的庙宇有马神庙、关帝庙、杨令公庙等，与生活相关的庙宇有城隍庙、药王庙、财神庙等，与教育相关的庙宇有文昌庙、孔庙等。这些远离家乡来长城沿线屯戍的军民均保持了自己家乡的信仰习俗，通过对神灵的祭拜表达了他们对家乡的思念之情，以及想要平安凯旋和创造美好生活的迫切心情。

一、马神庙

马神庙位于居庸关城南侧的西山脚下，是目前北京地区仅存的一座敬祭马神的完整庙宇。这一庙宇始建于明弘治十七年（1504），重修于清乾隆五十七年（1792）。现庙中仍存有《重修马王庙碑记》。后该庙再次遭到毁坏，1997 年重新进行了修葺。

顾名思义，这座寺庙是用来供奉马神的。居庸关所在的长城边塞为游牧、农耕毗邻之地，战事频发，所以战马是作战时必不可少的军备。在居庸关城修建寺庙、供奉马神，是为了祈求马神保佑军队战马繁衍旺盛、体魄康健、战斗力强劲。周朝时，中国就有了祭祀马神的风俗。据《明史·礼志》记载，“周官春祭马祖，天驷星也；夏祭先牧，始养马者；秋祭马社，始乘马者；冬祭马步，乃神之灾害马者。”隋时，将祭祀时间选在每年的四仲之月即每个季节的

» 马神庙

第二个月。唐、宋因袭隋制。明时，统治者尤为重视祭祀马神，不仅将祭祀典礼改为“春、秋二仲月，甲、戊、庚日，遣官致祀”，而且普遍修建马神庙。

马神庙坐西朝东，占地面积197.8平方米，是一座四合院形式的建筑。院内存正殿三间，为马神殿，建筑均为歇山起脊样式、黑琉璃瓦黄剪边。正殿正中塑有一座坐姿马神像，骑于战马之上。马神两侧为水神和草神的泥塑像。南配殿存三间，为马王殿，殿内塑有三座站姿马王像，分别为“金日磾”“殷郊”“房星”。北配殿存三间，为马祖殿，内设三座坐姿神像，分别为“马社神”“马牧神”“马步神”。马神庙建筑均为砖木结构，建筑墙壁上绘制有多幅壁画，诸如《赐草医病图》《降龙伏波图》《饲马图》《牧马图》《天马行空》《龙马驮书》等。马神庙反映了草原游牧文化与中原农耕文化的融合。

二、杨令公庙

杨令公庙，又称杨令公祠，位于古北口北门外的半山坡上。杨令公，名杨业，是北宋时期的著名将领。北宋雍熙三年（986）的宋辽战役中，杨业所率领的宋军大败，自己也重伤被俘，最后绝食而亡，以死报国。杨业忠勇爱国，为人敬佩，后世流传的“杨家将”的故事便是以此为原型形成的。古北口长城脚下的杨令公庙始建于辽太平五年（1025），至晚在辽大安年间（1085—1094）已经建成。此庙由辽帝下令修建，可见杨业忘死捐躯的精神连敌军都感佩至极并修庙纪念。1992年，杨令公庙由古北口镇政府拨款重建。

杨令公庙坐北朝南，建筑构造均为土木结合，庙门左右两侧墙壁上写着“威镇边关”4个字，气势磅礴。自庙门进入寺庙院落，院内建筑分为前后两殿及西禅房。

前殿是杨令公庙的主体建筑，供奉的是杨令公及其八子。正殿内塑有一座高2米的杨令公塑像，顶盔罩甲，威风凛凛。塑像前塑有两座侍卫像，左侧侍卫

» 杨令公庙

手捧兵书，右侧侍卫手持大刀。杨令公的 8 个儿子的塑像分列左右两侧，大、三、五、七郎端坐于左，二、四、六、八郎端坐于右，均身披铠甲，好像在等待着出征的号令。前殿的装饰威严肃穆，采用五脊六兽式，即在 5 条房脊的主脊之上，以中间的圆球形房顶为界，左右两侧各排列三只相对而立的走兽。

后殿供奉的是杨令公之妻佘太君以及一众杨门女将。殿内塑有一尊佘太君像，形象端庄威严，左右两侧分立杨门女将的雕像，如八姐杨延琪、九妹杨延瑛、穆桂英以及杨排风等，形象逼真，英姿飒爽。后殿的墙壁上还绘制有《大破天门阵》等壁画。

杨令公庙虽然规模不大，但香火不断。每年杨令公的生辰即农历九月十四日，附近村民都会来此上香，并举办一场为期 3~5 天的庙会，以示纪念与崇敬。

三、石佛寺

石佛寺，又称佛岩寺，坐落于八达岭水关长城脚下。该寺庙附近有以寺为名的石佛寺村，在村中流传着“先有石佛寺，后有八达岭长城”的说法。传说明朝戚继光将军在修建八达岭长城时，经常前往石佛寺诵念《金刚经》，祈愿长城修建完成后可以抵御游牧势力而屹立不倒。

明代嘉靖年间（1522—1566）王士翘编纂的《西关志》中记载：“石佛寺：在关北一十五里，因石岩以凿大悲像，永乐年间建。”可见，石佛寺始建于明永乐年间（1403—1424）。寺庙建成后，一直极为灵验，香火不断。据说，清康熙皇帝御驾亲征准噶尔部落时就曾绕道前来石佛寺进香祝祷，祈愿清军可以凯旋。

据说石佛寺中曾有千手千眼佛和十殿阎王像，是关沟一大胜景。后来，清末八国联军入侵，将石佛寺焚毁，佛像几乎无存。20 世纪八九十年代时，石佛寺被重新修建。现在的石佛寺分为两部分，即石佛寺寺院主体与佛爷台。

» 石佛寺

石佛寺位于长城脚下，规模不大，为两进院落。外院供奉的是5尊元代藏传佛教的石佛造像。这5尊佛像原供于八达岭镇三铺村西北半山上的一个寺庙内，后因寺庙毁坏，石像散落，便于金鱼池旁筑台供奉。后来石佛寺新建，石像便被迁移至此。内院的正殿就是大雄宝殿。

佛爷台位于距离八达岭高速收费站不远处的路边，立着一块写有“石佛寺”三字的石碑。佛爷台坐北朝南，供奉着13尊佛像。中间的主佛像为石雕六字观音像，左右两侧各供有6尊供养人像。佛爷台上供奉的石像也并非石佛寺原有佛像，而是出土于金鱼池的文物，修筑八达岭高速公路时迁移至此处供奉保护。

石佛寺供奉的佛像均雕刻于元代，距今已有700多年的历史，雕工虽然粗糙但技法古朴，且身着服饰独特，与皇室千篇一律的造像模式有着极大的不同，是研究元代藏传佛教文化的重要资料。

四、表忠祠

表忠祠，又称罗通庙，坐落于昌平区南口镇居庸关村。从寺庙名称可知，该寺庙是为了表彰、纪念明朝副都御史罗通的忠勇而立的。

罗通是明英宗朝的著名将军。明正统十四年（1449），罗通奉命戍守居庸关。同年，瓦剌蒙古部落的三万骑兵向居庸关发起猛烈攻击。罗通冒矢石之险，身先士卒，据城固守。他命令士兵取水灌入城墙，水结为坚冰后阻止了蒙古骑兵的攻城计划。7天后，在罗通的坚守和指挥下，瓦剌部落大败而归，居庸关和京师得以避免北方铁蹄的践踏。明弘治年间（1488—1505），潘昭明上书明孝宗，请求立祠以表彰罗通之忠。表忠祠便由此而立。

表忠祠修建于居庸关城内的西南侧，占地面积为159平方米。寺庙建筑均为布瓦屋面起脊样式。现存正殿三间，殿内中间塑有罗通及其夫人的坐姿像，两侧为侍卫。南配殿存三间，殿中塑有明武宗朝将军张钦像。北配殿亦有三间，内设明武宗朝将军孙玺像。张钦和孙玺都曾经奉命驻守居庸关，且都曾闭关阻止皇帝出关北上，敢于进谏，忠心可嘉。表忠祠的设立激励着戍守边疆的兵士忠于国家，誓死保卫边疆。

五、城隍庙

城隍庙坐落于居庸关长城脚下，是居庸关现存规模最大的庙宇。

城隍是道教中守护城池的神祇。在周朝时，中国人就开始祭祀城神、隍神。“城”是指有水的城池，“隍”是指无水的城池，后来就合称为城隍。

最早的城隍庙是三国吴赤乌二年（239）时建于芜湖的城隍庙。自唐时城隍庙开始普遍修建，以后的宋、明等朝代都极为重视城隍庙的修建，尤其是明太祖朱元璋在位期间。居庸关城隍庙便始建于明太祖洪武年间（1368—1398），于清乾隆三十年（1765）进行了重修，后来 1997 年再次进行了修葺。

城隍庙采用“前府后院”的建制布局，包括庙门三间，戏台三间，正殿三间，东、西配殿各三间，寝殿三间，山神庙一间，土地庙一间。

» 居庸关城隍庙

城隍殿是城隍庙的主体建筑，采用起脊歇山样式，为黑琉璃瓦黄剪边。殿内供奉的是城隍爷。这处城隍庙供奉的城隍爷是明代的开国大将徐达。徐达为明王朝的建立立下了汗马功劳，后来又奉命督建明长城，为明王朝的巩固与稳定做出了巨大贡献。徐达去世后，朱元璋便下令在其督建和驻守的居庸关长城附近修建城隍庙进行祀奉。

» 徐达督建长城浮雕像

城隍殿正中塑有一尊3米高的城隍神，头顶悬挂着一块2.55米高的写有“浩然正气”4个字的匾额。城隍神两侧为仕女像，身前两侧为文武大臣像。正殿两侧的山神台上，塑有4尊判官坐姿像，分别为掌刑判官、掌生死判官、掌善判官、掌恶判官。另在两山各塑有两尊书记官站姿像。此外，在4个山墙角各塑有“牛头”“马面”“黑无常”“白无常”的站姿像。在正殿的墙壁上绘有多幅壁画，例如《十善图》《禹门图》《十八司》《双龙图》《皂隶图》等。城隍殿后是寝殿，内塑有着便装的城隍神和城隍夫人像。

居庸关城隍庙的修筑既表示了对徐达的嘉奖与追悼，也满足了戍守兵士以及民众的信仰需求。更重要的是，城隍庙“使人知畏，人有所畏，则不敢妄为”，还起到了约束军民的作用。

六、关帝庙

关帝庙坐落于居庸关西山北侧，是供奉关羽神像的庙宇。关羽是三国时期蜀国的大将，也是中国古代忠、义、仁、勇等优秀品质的化身。正因如此，关羽死后，他的形象便不断地被神化。关羽信仰自产生之日就不断得到统治者的敕封，地位一直提高，由“王”升级为“帝”，并成为儒、释、道三教共同祀奉的神明，上至王公大臣，下至芸芸百姓，都对其敬奉膜拜。

居庸关的关帝庙始建于明武宗正德年间（1506—1521），1997 年被重新修葺。庙宇坐西朝东，占地面积为 172.7 平方米，庙后靠山砌筑了半圆形的院墙。该庙现有建筑为庙门一间、正殿三间、左右配殿各一间。

庙门为南北向，硬山形式。正殿采取歇山起脊形式，为黑琉璃瓦黄剪边。正殿为关帝庙的主体建筑，殿内正中间塑有一尊 2.5 米高的关帝神像。神像头顶悬挂着一块写有“万世人极”的匾额。神像前塑有周仓、关平的站姿像。正殿的墙壁上绘有《三英战吕布》《水淹七军》《单刀赴会》《千里走单骑》等壁画，展现了关公的英勇、仁义。南配殿中间设有关羽妻子胡夫人的坐姿像，两侧立有侍女像。南配殿的墙壁上也绘有壁画，例如《教子》《侍奉公婆》等。此外，在关帝庙的院内有一个铁宝鼎以及一口 80 千克重的青龙偃月刀。

除了关帝庙，在居庸关长城脚下还有一座关王庙，规模较关帝庙小。此庙

» 关王庙

修建于明英宗正统年间（1436—1449）。正殿正中塑关羽神像，两侧为黄忠、马超、赵云、张飞等三国蜀汉名将的泥塑像。

明代之所以在修建了关王庙之后，又修建关帝庙，是有重要意义的。一方面，长城沿线战事频发，关羽作为一个战神以及守护者形象，寓意关城坚固，牢不可破。另一方面，明代的统治者希望以关羽的忠、义、仁、勇的品质约束这些戍守边关的将士，使将士们如关帝一般忠勇善战，死而后已。

第二节　碑刻铭文耀千秋

碑刻也是长城文化遗产的重要组成部分。自原始社会末期，我们的祖先就有在石块、崖壁上刻画符号以记事的习惯。朝代更迭，镌刻文字的习惯却一直沿袭下来，于是有了现今极为丰富的碑刻遗存。这些碑刻遗存具有十分珍贵的史料价值。它们不仅真实地记录了长城的修筑背景、具体修筑过程、工程进度等情况，而且延伸到了历代的政治、经济、文化、军事、民族关系等内容。更有部分碑刻记载了一些不见于正史的历史情况，补充了文献记载的缺失，成为研究某一历史问题的重要解密材料。

根据碑刻不同的内容、功用、载体等要素，长城碑刻主要可以分为城工碑、阅视鼎建碑、纪年记事刻石、门额与台铭刻石、边塞摩崖石刻、题诗碑、墓碑与墓志铭、文字砖、炮铳铭文等诸多种类。长城沿线现存碑刻数量丰富、类型多样、保存相对完整、记载信息广泛，是我们今天研究长城文化最为珍贵的实物资料。

一、龙泉寺戚继光诗碑

龙泉寺戚继光诗碑位于密云区城东北 2.5 千米处的龙泉寺内。龙泉寺始建于元世祖忽必烈至元二十四年（1287），是一座典型的四合院式庙宇。庙内最为著名的便是戚继光亲手书写的《题龙潭》诗碑刻。

戚继光是明代著名的爱国将领、诗人、书法家。他一生南征倭寇、北御鞑靼，保卫了中华大地东南沿海和北部边疆的稳定与安宁。明隆庆元年（1567），因北部边患严重，给事中吴时来上疏建议让俞大猷、戚继光来蓟门练兵，朝廷仅任命戚继光为神机营副将。隆庆二年（1568），皇帝任命戚继光为都督同知，执掌蓟州、昌平、保定三镇军务。戚继光曾将营地驻扎在密云石匣地区，距离龙泉寺所在的白龙潭只有 7.5 千米。在游密云白龙潭时，戚继光曾挥毫写下了《题龙潭》七律一首，刻碑留龙泉寺中。

龙泉寺戚继光诗碑是目前北京境内发现的唯一一块戚继光诗碑，置于龙泉寺大佛殿前廊的北侧，保存较为完好。诗碑包括“序”和“诗”两部分。序言简要交代了戚继光作诗的背景：

蓟镇石匣营南十里为龙潭，石阱中窥水色澄澈，若有洞在水中隐隐可

» 龙泉寺

见。兹冬，余以集练标路将士于石匣，暇日携游于此，诗以纪之，实为今上改元之三年。

诗文正文如下：

紫极龙飞冀北春，石潭犹自守鲛人。
风云气薄河山迥，阊阖晴开日月新。
三辅看天常五色，万年卜世属中宸。
同游不少攀鳞志，独有波臣愧此身。

诗的前两句气势便不同凡响。诗句一开头就将读者带到了空灵奇幻的神话世界。“紫极”喻宫殿，作者用“紫极龙飞”美称龙潭之龙；“冀北”指古冀州之北，即蓟州之地，这里暗喻作者镇守之地；“鲛人”指神话中的人鱼，能机织，眼能泣珠；“风云气”，犹言英雄气；“阊阖”即神话中的天门。正是因为有了守边将士轻生重死的英雄气概，才换来山河壮丽的美景，映衬出天门顿开、日月常新的升平景象。

“三辅看天常五色”，意为在三辅之地（京畿之地）天象呈现出青、黄、赤、白、黑 5 种颜色，而五彩天象象征着这里是帝王所居之地。“万年卜世属中宸”意谓卜测千年万年自属明朝天下。在诗的最后两句中，作者却自谦地表明，同行之人中多有依附帝王建立功业之志，独有自己无攀龙附凤之意，故谦言“愧此身”，这充分表明了作者立志卫国、不惜自身的朴素情怀。

戚继光志向远大，在我国南方的许多地方都有他抒情写景的好诗佳句留存于世，但在北方燕山防务线上，他戎马战斗了 16 个春秋，却很少见到他的诗碑和墨宝，由此足见《题龙潭》诗碑之珍贵。

此外，在河北遵化还立有一块戚继光诗碑，即有名的《登舍身台》诗碑。

诗碑发现于遵化市侯家寨乡禅林寺村，现藏于遵化市文物管理所。诗碑长 1.56 米、宽 0.79 米、厚 0.2 米，诗的正文如下：

向来曾作舍身歌，今日登台意若何？
指点封疆余独感，萧疏鬓发为谁皤？
剑分胡饼从人后，手掬流泉已自多。
回首朱门歌舞地，尊前列鼎问调和。

断崖垂绠几凭虚，却笑山猿技不如。
古戍春残初见雁，故园愁绝冷看鱼。
百年俯仰谁巾帼，五尺涓埃自简书。
沙碛传餐君莫叹，边臣应得戒衣袽。

戚继光作此诗时的心境与题龙泉寺诗时截然不同。那时，皇帝批准了给事中张鼎思的奏请，将戚继光从蓟镇调往远在南方的广州地区。戚继光在走前再次登上这个长城最高点——舍身台，这个自己曾经守护多年的地方，难免触景伤情。

二、雾灵山清凉界碑

雾灵山清凉界碑，又称大字石，为明代的摩崖石刻。石碑位于雾灵山北侧，碑文刻在一块高约 29 米、宽约 30 米、重约 7.2 万吨的卵圆形花岗岩巨石上。碑文内容可分为 4 部分，中间的大号字、左右两侧各 90 多个 45 厘米见方的隶体中号字以及下部约 500 个 15 厘米见方的小号字，是经过了前后三次篆刻而成的。

相传清凉界碑题字的肇始者是明朝开国军师刘伯温。明洪武四年（1371），刘伯温巡视边关，因逢盛夏时节，一路上倍感炎热。行经此地时，刘伯温突然

» 雾灵山清凉界石刻

觉得清凉。仔细查看之后，刘伯温发现了巨石，断言："此石乃凉热之界石。"并挥手题下"雾灵山清凉界"6个大字，字体遒劲有力。每个字达到了4平方米，此石以此得名"大字石"。

左侧的93个中号字由李逢时题于明万历三年（1575）五月初五。明隆庆二年（1568），善战的戚继光因蓟辽总督谭纶的上书被调往长城前线——蓟镇，并于次年开始修筑长城。明隆庆六年（1572），阅视侍郎汪道昆、总督侍郎刘应节等人检阅戚继光的军事演习，顺道游览了雾灵山，并作诗大赞其秀美风光。万历三年，时任蓟辽总督的杨兆命李逢时将三年前出游官员的官职、名讳及所作的诗刻于巨石之上。碑文如下：

兵部尚书谭纶，阅视侍郎汪道昆，总督侍郎刘应节，巡抚都御史杨兆，总都督戚继光，兵部郎中左兴，户部郎中侯治国，兵部副史王一鄂，协守都督张臣，分守游击任良相，分守游击李如梗。

落款为："明万历三年五月初五日，曹家路，永平李逢时刻石。"

右侧的90个中号字题于明崇祯八年（1635）三月初一，与刘伯温题字已经相隔了200多年。这一年，蓟镇总兵杨嘉谟带领地方官员视察大沟明长城的修缮成果，顺路游览了雾灵山。他们效仿前人，于巨石之右侧作诗题字。碑文如下：

崇祯乙亥岁季春吉旦，镇守蓟镇总兵杨嘉谟，整饬密云兵备高斗光，密云户部郎中王徵俊，监视西协军务张升，巡抚顺天都院张鹏云，监视西协军门邓希诏，总督蓟辽军门丁魁楚。

落款为："吉家庄守备、黑谷关都司、曹家路游击状元协守。"

碑刻下部的约 500 个小号字是这些巡视官员所作的诗。因为年代久远，大多已经漫漶不清，仅有几人的作品可以辨认。部分诗文内容如下：

山盘大漠郁苍苍，为问虚踪到上方。
天地三千开世界，华夷万里见封疆。
芙蓉半插青云色，檐卜时飞花雨香。

» 雾灵山碑刻

身在招提犹是幻，皈依何处法中王。

碧霞栖处一高峰，中有摩尼最上踪。
今古变迁余草树，乾坤俯仰独芙蓉。
灵岩月照三千界，慧蛛云浮十万重。
彼岸可能容我度，西天飞锡几时逢？

其中，第一首为刘应节所作，第二首为杨兆所作。

在大字石附近地区，也分布有很多明代的小型摩崖石刻，例如“雾灵真境”“雾灵山”等。这些碑刻与清凉界碑共同组成了雾灵山明代摩崖石刻群。

三、怀柔御史碑

怀柔御史碑位于怀柔区渤海镇。石碑发掘于旺泉峪长城段中海拔最高、规模最大的一座五眼敌楼里。这座敌楼分为上下两层，顶层是一间坐北朝南的瓦房和小院，称为“楼橹”。因为楼内曾出土御史碑，因此得名“御史楼”。但现今，这块御史碑并未被安置在御史楼内，而是深埋在距离御史楼200米左右的另一座敌楼中。据说，这是因为之前有不法分子想将御史碑据为己有，但被当地村民举报，于是当地文保部门将御史碑挪至现址。

御史碑保存相对完好，碑上楷体阴刻286个字，碑文内容为修建此段长城及其附属建筑的官员和负责人员的姓名、身份、籍贯等信息。据著名学者罗哲文先生研究，此碑应该是重整蓟州边备、修筑长城的记功碑。碑文具体内容如下：

钦差、总督蓟辽保定等处军务兼理粮饷、兵部尚书兼都察院右副都御史，真定梁梦龙；整饬蓟州等处边备兼巡抚顺天等府地方、都察院右佥都御史，莱阳张梦鲤；巡按直隶、监察御史，泗州刘光国；整饬昌平等处兵备、山东提巡按察司佥事，延安岳汴；镇守居庸昌平等处地方总兵官、中军都督府都督同知，桐城杨四畏；军门中军副总兵、都指挥佥事，抚宁徐枝；分守黄花镇、驻扎渤海所参将署都指挥佥事，绥德李信；分守横岭城等处地方参将署都指挥佥事，渔阳李时；监工官总委、保定府通判，仁和周边；军门督工委官、原任游击，真定崔桂；管工、镇边城守备，天津王钺；横岭路中军、原任守备李太初；镇边城中军崔尚武；把总张安、郭斌；督工旗牌来思恭；军匠贺禄、安仲银、韩住、马朝用、王举、王甫、孙堂等鼎建。

碑文中共出现了23人，其中官员15人。在这15人中，御史官职出现次数颇多，所以此碑被命名为御史碑。在这些御史中，官品最高的是梁梦龙。梁梦龙在明万历九年（1581）回到朝廷时，已经督建长城5363丈（约合18千米）、敌台百余座以及其他一些相关工程等。

碑文落款为：“万历八年孟冬吉旦立。”此碑立于1580年的十一月份，距今已有400多年的历史了。

四、九眼楼题诗碑

九眼楼题诗碑发现于九眼楼之上，故名。九眼楼位于怀柔区与延庆区的交界处，始建于明嘉靖二十二年（1543），是明万里长城敌楼中建筑规模和形制最大的一座敌楼，也是长城上唯一一座立有诗碑的敌楼。且敌楼内所立碑刻数量较多。

因为九眼楼所处地势高峻，天气晴朗时站在敌楼之上可隐约望到京城，所以也称“望京楼”。九眼楼因此名声大噪，成为了明代朝廷官员、文人墨客争相吟咏的对象。他们登上九眼楼，远望京城和幽燕胜景并纷纷吟诗抒怀。他们的题诗碑集中立于敌楼的北侧，为庄严肃穆的敌楼平添了些许诗情画意，令人无限遐想。

在九眼楼发现的多通石碑中，仅有8通是完整的，其他的诗碑不是残损就是字迹模糊不清。8通完整石碑上共存6人所题的14首诗，立碑时间大都在明万历年间（1573—1620）至天启年间（1621—1627）。其中，明代徐申的题诗碑字迹较为清晰，碑文均由工整楷体题写，极具人文价值。

徐申，昆山人，字周翰，明嘉靖年间（1522—1566）乡试中举，后官任刑部主事。在辞官之后，他写作了大量的诗篇，其中就有两首与九眼楼有关的诗篇，刻于白色石碑，立在九眼楼上。碑文由“序”和“诗文”两部分组成，落款为“姑苏徐申题”。序言简要介绍了作者的题诗背景：

> 万历乙酉，予巡行上谷，兼叨视师抵东偏，六月望日，同王总戎、丁宪副、刘少参登火焰山，漫题二首。

诗文正文如下：

一

天际丹梯拱帝州，高台插汉眺燕幽。
风云北极凭栏动，星斗西垂倚剑流。
龙啸层巅朝雨霁，虹垂大漠夕阳收。
幸簪白笔巡行暇，暂向青山纪胜游。

二

晓霁扬兵紫气重，振衣一上最高峰。
树从碣石晴霞绕，酒近华阳彩雾封。

双阙长风吹薜荔，九陵明月挂芙蓉。

群公鸣佩山云起，仿佛相携尘外踪。

徐申所题的两首诗侧重点不同。第一首重在写景，第二首重在抒情。第一首写作者于黄昏时分，登上九眼楼，举目远眺，幽燕大地壮观景象尽收眼底。第二首抒发了作者在雨后清晨登上九眼楼看到眼前景象后豪迈的气概。

五、长城字砖

明代修筑长城是一项规模宏大而又艰巨的工程，所用的建筑材料中，除了土、石、灰之外，还有木料、瓦件及大量的砖。长城的砖为青灰色、沙泥质，按其形制和用途可分为长砖、方砖、垛口砖、望孔砖、射孔砖、旗杆砖等。在北京密云、河北唐山等地的长城长砖和方砖中，发现了许多带有刻字的城砖。城砖上的文字有阴文、阳文、正文、反文，字体则隶楷行兼有。

为什么在城砖上刻字呢？原来这和戚继光重修长城有关系。

戚继光对工程质量要求十分严格。为避免任何形式的偷工减料现象，确保工程质量，戚继光将施工的负责人、工匠、部队番号及修建年代镌刻在碑石或边墙上，通过“物勒工名”的形式对整个工程实行责任制管理。仅在司马台段长城上就发现了大量的带字城砖，共有7种款识，分别为“万历陆年镇虏骑兵营造”“万历陆年镇武营右造”“万历陆年延绥营造”“万历伍年石塘路营造”“万历陆年石塘岭营造”“万历伍年宁夏营造”“万历伍年山东左营造”。在西田各庄镇大城子镇也分别发现了“万历陆年延绥营造”“河间营造”“河间营”“沈阳营造”“东石”等带字城砖。

在城砖上刻字，就是要职责分明，责任到位。参与人员的名字都刻在砖上，清晰明了，一旦出现问题，无论是监造官、提调官，还是烧窑匠、制砖人，哪个环节出了问题都要被追究责任。这就使得参与人员不敢有丝毫懈怠，都尽职

» 金山岭长城文字砖

尽责地努力工作。最后交砖时，检验更为严格：由检验官指挥两名士兵抱砖相击，如铿锵有声、清脆悦耳而不破碎，属于合格；如相击断裂，责令重新烧制。正因为责任如此明晰，城砖质量才得到保证。

戚继光重修长城时依据“因地制宜，用险制塞”的建筑思想，山势低矮处加高城墙，山势高峻处修建敌楼，个别地方加修了障墙、支墙、挡马墙，全部为砖石结构或砖石木结构。东起山海关、西至镇边（今昌平西），两千里边墙，几千个敌台，历经数年始成。这段长城设施完备、构筑牢固、布局严谨、可攻可守。正是因为戚继光科学论证，严把质量关，其所建的许多长城烽燧、台堡、雄关险隘，历经几百年的风雨，至今仍巍然屹立。

第三节　古韵村落话长城

长城下村镇众多，且均各具特色。这些村镇与故宫、金字塔等具有皇家贵族气势的壮观历史遗产不同，更多的是长城文化与自然风光的结合体。虽然长城下的村镇之间在形式、大小、建筑等方面千差万别，但都是长城文化特殊而重要的载体，有着相似的形成和发展的政治、经济以及文化背景。

长城下的村镇是因长城而生、因长城而兴的，尤其明清时期，是长城村镇大规模兴起的巅峰。明朝是长城修筑工程规模最盛大的时期。明廷为了充分发挥庞大的长城防御带的军事作用，大规模地在长城沿线驻兵、屯田。因此，长城沿线设置了“卫”“所”“寨”等不同规模的军事建制以安置驻兵及其家属，由此初步形成了以军事防御为中心的人口聚落。到了清朝，长城的军事价值逐渐弱化直至消失，这些聚落的军事性质也随之开始转换，逐渐演化为普通聚落。如今，生活在长城沿线村落的民众大多为明清戍边兵士的后代。他们在长城脚下繁衍生息，为长城文化和长城精神续写着新的篇章。

一、岔道村

岔道村处于八达岭长城脚下，今北京市延庆区八达岭镇中。岔道村，顾名思义，位于两道交会之处。据《延庆州志》记载：“岔道有二路，一至怀来卫，历榆林、土木、鸡鸣三驿至宣府为西路，一至延庆州、永宁卫、四海冶为北路。”

岔道村距今已有 450 余年的历史。因为交通条件优越，古往今来，这里曾经发生了无数的重大事件。秦始皇东临碣石、元太祖入关、明代帝王北征、李

» 岔道城城门

自成攻入北京、清军入关等历史事件大都曾经过岔道村。又因此地三面环山，山势险峻，明清两代帝王都将此处作为重要关口进行了多次重修、加固。

如今的岔道村保存相对完整，由三部分组成：东关、岔道古城、西关。东、西二关的城门之上悬挂着写有“岔东雄关”和“岔西雄关”的匾额。岔道古城始建于明嘉靖三十年（1551），历时30余年完工。古城依山势而建，有一部分建于山坡之上，平面大致呈船形，中间略宽、两端略窄，总占地面积为8.3万平方千米，东西长449米、南北宽185米，城墙高8.5米。城墙的构造方法分为早期、晚期两种类型。早期为内夯土、外用石块加白灰砌筑，晚期是在早期城墙外用条石和砖块砌筑。古城内采用花岗岩石板铺设路面，沿路两侧的古代铺面、客栈等大多为现代民居所代替，而驿站、守备署、城隍庙、关帝庙等遗址保留了下来，可以一窥当年岔道古城的繁华景象。

作为重要关口，岔道古城的军事防御设施修筑得极为完备。马面、马道、垛口、瞭望口、射口、堡垒、烽火台、粮库、弹药库、练兵校场等均有设置，部分建筑被保留至今。2001年，岔道古城被北京市政府确定为市级文物保护单位。2002年，为了对古城中遗留下来的古迹进行保护，政府部门投入专项资金对古迹进行了保护。

二、河防口村

河防口村位于北京市怀柔区怀北镇。此处因河设防，故名。河防口村又被称为“口里第一村”。当时关外的人以“口里”代指关内，关内的人以“口外”代指关外。河防口是离塞外地区最近的村落。根据《怀柔县志》的记载，河防口村始建于明初，明代永乐年间（1403—1424）建立了河防口关以及一座城堡，距今已有600多年的历史。在这600多年间，河防口村一直发挥着重要军事关口和交通道路的作用。

» 河防口长城

» 河防口夹扁楼

河防口村处于京北著名的南北交通线——“茶马古道”南段，是中原王朝与草原游牧势力进行贸易往来的必经区域，也是二者进行角斗的重要战场。因而，历代王朝都非常重视河防口村附近军事防御线的建立。明代大规模修建长城时，也对河防口长城段进行了重修。河防口长城是在北齐长城的基础上修建而成的，由戚继光督建。为了加强河防口长城的防御作用，戚继光命人在长城修建了一座敌楼——夹扁楼。夹扁楼四面紧靠悬崖，外形是类似于火柴盒的狭窄长方形，上开箭窗。这样造型的敌楼在万里长城上仅此一座。夹扁楼西侧为“鲤鱼背”。该段长城所在山体裸露且狭窄，山势陡峭。在其上修筑长城，充分发挥了地形优势，形成了一道拱卫京师的坚固屏障。

到了近代，河防口依然发挥着重要作用。据说，1933 年，由爱国将领吉鸿昌、方振武领导的察哈尔抗日同盟军就是于河防口等处入关。如今，为了更好地发挥古道的作用，政府在附近的山岭之间修筑了高架桥，河防口村的交通价值也实现了现代化的发掘。

三、柏峪村

柏峪村位于北京市门头沟区斋堂镇北 12 千米处，西北距黄草梁 7.5 千米。因为此地的柏树和榆树生长繁茂，又称为“柏榆村”。元人熊梦祥曾在《析津志》中提及“柏峪梁家庄垒”，可见最晚在元代时此地就已经形成了村落，距今至少已有六七百年的历史了。

柏峪村曾经是斋堂地区防卫体系的重要一环，现今在村东北部仍遗存有“天津关”军事遗址，据说金末时蒙古骑兵就曾从此处攻入居庸关。明代时，统治者非常重视天津关的军事战略价值，加强了防御设施建设，曾于柏峪村至黄草梁一线修建了 7 座敌楼，沿东北—西南方向排列。明万历年间（1573—1620），汪道昆也曾向明神宗上奏，于柏峪村修建了 1 座敌台。此外，现今在柏峪村的北部仍遗存有长城遗址。

在明长城的修建过程中，柏峪村的先人们发挥了不可替代的作用。柏峪村东北部 1.5 千米处有一处明长城砖窑遗址，遗址内有大大小小近百个砖窑，故又称“百窑”。这处砖窑所烧制的砖是供明万历年间天津关的关城和敌台的修筑所用的。长城修筑完成后，统治者派兵戍守，并规定军眷随防。至清代时，此处也有部分兵士戍守。明清两代戍守此地的军民的后裔就是现在柏峪村人口的主要组成部分。据统计，柏峪村现今共有村民百余户，生活于此村最久的王姓有 35 户，他们就是天津关最后的守关人的后代。

这些军民的后裔们传承了先祖们的长城精神和军户习俗，在近代的抗日战争中与日寇浴血奋战，涌现出了一批以刘玉昆为典型代表的抗日英雄，柏峪村也因此成为著名的抗日模范村，村内的刘玉昆烈士墓是如今重要的爱国主义教育基地。

此外，柏峪村在悠久的发展历史中也形成了灿烂独特的民俗文化，尤以戏曲文化为代表。柏峪村的村民喜欢唱戏，现存剧种主要有梆子戏、蹦蹦戏、秧歌戏等。其中，北京地区的秧歌戏仅在柏峪村有所传承，被称为“民间戏剧的活化石”。

四、遥桥峪村

遥桥峪村位于密云区新城子镇东部。遥桥峪村处于雾灵山的中央腹地，四面环山，南沿安达木河。据传说，以前在冬、春两季时，需架桥以渡河。人行桥上时桥不稳，故称摇桥，后来因谐音称为“遥桥”。遥桥峪村内有一遥桥古堡，古堡内生活的村民都是明代守边兵士的后裔。最初，此堡由 50 户将士屯戍。随着人口的增加，渐渐有村民迁至堡外居住，逐步发展为军户村落。

遥桥古堡始建于明洪武年间（1368—1398）。据明万历年间（1573—1620）

» 今天的遥桥峪村

的《四镇三关志》记载：“遥桥谷寨，洪武年建，通步缓。”遥桥谷寨即为遥桥古堡。明万历二十七年（1599），遥桥古堡被整修，主要的修缮部分是古堡的门楼和城墙。现存一方重修城堡的碑志，原先镶嵌于城楼的墙上，现放置于冶仙塔公园内。碑刻现仅余右半部，为花岗岩材质，宽 63 厘米、高 43 厘米。碑文为阴刻楷体，记录了主持修建的官员姓名以及重修城堡的情况等内容。2002 年，政府又花费大量人力、物力，对城堡进行了修缮。

遥桥古堡坐北朝南，城墙均为砖石结构，东西长 123 米，南北宽 102 米，城墙高 7 米，顶宽 4 米。古堡的整体设计缜密，南面正中城门上建有城楼，四角有放哨用的角楼。遥桥峪城堡的选址极为合适，充分发挥了地理优势，达到了军事上出其不意的效果。城堡所处之地地势低平，隐蔽性高，平时不易被发现。城堡又以云岫谷山羊精楼为耳目，与长城上的守军遥相呼应。每当长城遇到敌情，便会于烽火台上点燃狼烟传递信号。见此信号，城堡内的兵马便迅速集结，增援司马台以东至曹家路一带长城，痛击敌军。此外，遥桥古堡也是用于屯粮等军备物资的基地。

依托遥桥古堡这一特色遗存，现今的遥桥峪村已经成为闻名遐迩的民俗旅游村。村内有遥桥古堡、雾灵西峰、云岫谷、遥桥峪水库等景区，自然享受与人文体悟实现了完美的结合，遥桥古堡的历史意义与时代价值也得到了更充分的发挥。

五、古北口镇

古北口镇位于密云区东北部。据传，“古北口”一名为清乾隆帝所起。但其实“古北口”一词最早见于历史记载是在五代后梁时期。

古北口镇紧靠有“京师锁钥”之称的古北口长城。这里历来是兵家必争之地，尤其是在辽、金、元、明、清这五朝，发生过多次争夺古北口的大小战役。

古北口地区有燕山山脉中通向华北平原最大的一处关口，历史上称之为“南控幽燕，北捍朔漠”。古北口战时是浴血厮杀的疆场，平时又是贸易和文化交流的通路，由于人群的聚集与往来，后形成自然村落。

之后，古北口镇在历史的长河中逐渐成为文化名镇，其中最有特色的是具有儒家特色的文化元素。

儒家作为近2000年中国思想文化史中一个重要的流派，对中国传统文化产生了重大的影响。而儒家文人最为重视的就是对先人足迹的追寻。大禹作为儒家的理想圣王，相传其治水时曾在鲍丘水（即潮河，流经古北口镇）停靠过他乘坐的船只，于是后世众多的儒家文人都来此地追寻圣王的足迹。其中最有代表性的就是唐宋八大家之一的欧阳修。他曾在此地留下了这样一首诗：“古关衰柳聚寒鸦，驻马城头日欲斜。犹去西楼二千里，行人到此莫思家。”此后，来到这里的文人越来越多，古北口镇也成了文人的乐土，对儒家思想起到了极

» 古北口镇村落

大的宣扬作用。

如今的古北口镇，整座关城基本保存了下来，镇中有明清时期存下来的老铺面 10 处，有石桥、御封井等景观。古北口镇有着珍贵的军事历史遗存和独特的地方民俗文化资源，坐拥鸳鸯湖水库，周边有原生态的优美自然环境，成为京郊罕见的山水城有机结合的自然古村落。2016 年，古北口镇被列为第一批中国特色小镇，依托古镇文化、长城文化、山水文化、皇家文化、民俗文化等文化资源，加大开发力度，打造文化旅游品牌。古北口文化文物旅游区、河东民俗旅游村、河西柳林营民俗村、司马台民俗村等民俗旅游品牌知名度不断扩大。

六、长峪城村

长峪城村位于北京市昌平区流村镇西北部的深山区，平均海拔在 800 米以上，故有“昌平小西藏”的美称。“长峪”一名又作“常峪”，“峪”即为“山谷”之意。长峪是太行山余脉的一道山谷，明正德年间（1506—1521）在此处修建关城，称长峪城。长峪城村便是以村内现存的长峪城为名的。

长峪城与镇边城、白羊城并称为“北京边关三城”。现存的长峪城分为旧城与新城两部分。旧城为明正德年间修建的长峪城遗址。新城即为明万历年间（1573—1620）在旧城旁边增筑的新城。长峪城与居庸关城、白羊城以及河北的横岭城和镇边城共同构成了明代京西的军事防御体系。随着戍守军户人口的增多，这里逐渐发展成了军户村，距今已有五六百年的历史。这是一个较为典型的长城戍边聚落演变为自然村的例子。

长峪城段长城是昌平区境内现存的唯一一段明长城。长峪城保存相对较为完好，还存留着南门、北门和一小段城墙，而且均有不完整的瓮城。长峪城内还遗存有 3 座庙宇，分别为永兴寺、菩萨庙和关帝庙。永兴寺位于新旧城之间的山坳处，建于明清时期，是一座极为特殊的道庙合一的建筑。寺院坐西北朝东

» 长峪城村新貌

南，是周边村落中建筑规制最大的一处寺院。寺内还遗存有一座戏楼，现如今的村民还时常会在戏楼进行演出。寺院内的鼓楼内悬挂着明崇祯十五年（1642）修筑的一口铜钟，其上刻有铭文，记录了当时的村落名、官职名以及铸钟的时间等。永兴寺前还有一棵高约 8 米的古榆树，树干粗硕，枝叶茂盛，需 3 人才可勉强合抱。

依托长城遗址、古村落遗址、龙潭沟景区、黄花坡风景区等历史人文与自然生态资源，长峪城村逐步形成了“长峪关城、戍边古村”的特色品牌。2013 年 8 月，长峪城村入选第二批中国传统村落名录。

七、河西村

河西村位于北京市密云区古北口镇，原名柳林营。据说河西村旧时古木参天、一片葱郁，尤以柳树最为繁茂。又因为村里既有衙署，又有校场，还有大量屯兵，故名“柳林营”。

村中有一条古御道，为清康熙年间（1662—1722）所建。当时康熙帝在承德修建了避暑山庄，为了北京与承德之间来回方便，特修筑了一条御道。这条御道便穿过了河西村。

御道的修筑，让柳林营成为护卫康熙帝出行的重地。且此地北倚卧虎山，南临潮河，地理位置优越，为历代兵家必争之地，早在汉代时就曾在此地建城。因此，清康熙三十二年（1693），朝廷依山设险，在此建柳林营，筑东西二门，并派总兵驻守。柳林营面积不大，“东西横三里，南北纵仅半里，如簸船形”。至雍正元年（1723），雍正帝裁撤总兵，置直隶通省提督。现今提督府遗址大多已被毁坏，仅剩门前的一对石狮。

由于特殊的地理位置和历史人文环境，河西村民居老院建筑风格较为独特。其建筑因地势而建，除在明清时期官衙按皇家要求建筑之外，大部分民宅基本都是坐北朝南的正房或者四合院、三合院的建筑格局。

细数这里的历史古迹，不仅有闻名于世的卧虎山长城、万寿山长城，更有长城历史上罕见的姊妹楼长城、跨度最大的水关长城，以及七郎坟、吕祖庙、清真寺等众多古迹。

清真寺的始建年代不详。现在遗存建筑建于清康熙年间，由时任提督直隶总兵官的西宁人马进良组织重建。马进良曾经闯入万军之中追杀叛将至自己数处受伤，且在古北口政绩突出，因而得到了康熙皇帝的赞誉。康熙帝也曾多次接见马进良，每次都是慰好意、赐冠服。康熙五十三年（1714），马进良以年迈辞官还乡。康熙帝曾作诗忆其战绩，赞其奇勇：“勇贯先锋气，鹰扬后阵威。秦关提宝剑，沙碛历白旗。白发秋霜肃，丹心皎日辉。饯饮军民别，恩崇赐御衣。”

河西村共有600多户人家1900多口人。他们分属不同民族，有汉族、满族、回族、蒙古族、朝鲜族、苗族、裕固族等。全村有135个姓氏，是全国少有的百家姓村。众多姓氏中，除了常见的张、王、李、赵等姓氏，还不乏桐、索、巴等并不常见的姓氏，拥有这些姓氏的人是当年来自五湖四海的驻军将士的后代。

八、黑水湾村

黑水湾村隶属北京市平谷区金海湖镇，在古代是戍守长城的营寨。《四镇三关志》载：“黑水湾寨，永乐年建，通步缓。”据说，黑水湾村之所以被称作“黑水湾”，是因为村子附近河水混浊。这一在明代就已成村的村落位于平谷区东北部，距城区 17 千米，属于半山区，村域面积 11.98 平方千米。

黑水湾的传统村落位于西侧，呈南北向矩形。此地地势低洼，北高南低，被群山环护，屋子又矮，从外面很难看到，俗称“四不露”，是历史上驻军屯兵的好地方。明永乐年间（1403—1424），为加强附近长城的军事防御和提供必需的后勤保障，朝廷选择在这片隐蔽的山谷派兵安营扎寨，后驻军繁衍成村。如今，村北山岭上尚有 3000 米残长城，轮廓非常清晰。

村里有老城寨当年的布局，遗址东西宽约 120 米，南北长约 250 米，内有 50 余户人家。现存曾经的大西门、小西门、部分城墙和两处较为完好的老屋。

大西门和小西门在村的西侧，两门相距百余米，明万历四十七年（1619）始建，后曾被修缮。大、小西门并非传统意义上的大门，而是门洞的形式。二门建筑形制相同，通高约 7 米、宽约 3 米、纵深约 4 米，顶上有脊，覆小瓦，门两侧分别与民宅相连。南侧为大西门，北侧为小西门。明代时这座寨子被城墙所围，这两个西门是当年仅有的两个出入口，后来有“喜事走大西门，丧事走小西门”的风俗。

村内有南北两处老屋，据说是明代留下来的，现依然有人居住。南侧一处共有 5 间，房基由两层大石垒砌，其上主要为砖砌。屋后檐砖采用磨砖对缝的砌法，前坡上砌筑亭式烟囱，院子地面为大青石铺砌。西面墙上辟有券拱式望窗，木质窗棂上雕刻有花形，窗口正对着大西门。这处老屋为典型的明清式建筑，古朴大气，非常讲究，相传是明代驻守这一带的将领的居所。

另一处老屋在村北，坐北朝南，共 5 间。房基以条石为主，下部和边角嵌以砖线。后檐磨砖对缝非常工整，屋后壁的一些石块上以墨线绘有鱼、花等图案，处处彰显着主人非富即贵的身份地位。这处老宅的后院墙就是明寨现存的一段北墙，长约 30 米、高约 3 米、顶面宽约 3 米，有登城台阶可供攀登。还有一处墙基在村东高坡下，顶面宽约 3 米，被称为跑马墙。站在旧城墙上，可以看到村里弯弯曲曲的石板路。

此外，村内还有几处古朴院落，石墙、小瓦、木门，因长期无人居住而破败不堪，为古村平添一些沧桑古朴的韵味。

黑水湾村有座三皇庙，位于高坡之上，坐北朝南，身处松柏林中。据说庙始建于黑水湾村形成之时，距今已有 600 年左右的历史。山门前有两棵老槐树，西侧那棵非常粗壮，身系红绸，枝杈繁茂，亭亭如盖。树下置有香炉，常有人前来祭拜景仰。这里曾经古木参天，院内古柏，院外古槐，一片葱茏。但可惜的是，这些古树大多于 20 世纪 80 年代被砍伐用作木料了。

三皇庙在抗日战争时期被烧毁，后几经修复，曾作为村内小学校使用。2006 年开始重建，历时一年。寺庙仅一进院落，现正殿面阔 7 间，单檐硬山顶，脊带鸱吻，殿内供奉天皇伏羲氏、地皇神农氏、人皇轩辕氏的泥塑坐像，色彩鲜明、形态生动。东西配殿各 5 间，均雕梁彩绘。这座庙应该算是当年驻军文化的一部分，满足了戍守长城官兵们的精神需求和宗教寄托，而今成为人们抒发怀古之幽情的场所。

第四节　诗意长城边关情

巍巍长城，绵延万里。任朝代更迭、世事递嬗，万里长城几千年来一直屹立不倒。不同自然环境下，长城展现出多姿多彩的面貌，山川风光、古塞雄关，这些都深深吸引着历史上许多文化名人，他们为此写下了许多诗篇。这些作品或以意境取胜，或以辞藻见长，情感真挚，堪称脍炙人口，充分彰显了长城丰厚的历史文化底蕴。

饮马长城窟行

汉 · 陈琳

饮马长城窟，水寒伤马骨。
往谓长城吏，慎莫稽留太原卒!
官作自有程，举筑谐汝声!
男儿宁当格斗死，何能怫郁筑长城?
长城何连连，连连三千里。
边城多健少，内舍多寡妇。
作书与内舍，便嫁莫留住。
善待新姑嫜，时时念我故夫子!
报书往边地，君今出语一何鄙?
身在祸难中，何为稽留他家子?
生男慎莫举，生女哺用脯。
君独不见长城下，死人骸骨相撑拄。
结发行事君，慊慊心意关。
明知边地苦，贱妾何能久自全?

【解读】陈琳（？—217），东汉末年文学家，“建安七子”之一，初从袁绍，后归附曹操。《饮马长城窟行》是他的代表作品之一。这首诗沿用汉乐府旧题，以秦代统治者驱使百姓修筑长城的史实为背景，通过筑城役卒夫妻对话，深刻地揭露了繁重而无休止的徭役给人民带来的深重灾难与痛苦，具有很强的现实意义。全篇采用对话的形式，是最早的文人拟作乐府诗的作品之一，语言简洁生动，真挚感人。

送人之军

唐 · 贺知章

常经绝脉塞，复见断肠流。
送子成今别，令人起昔愁。
陇云晴半雨，边草夏先秋。
万里长城寄，无贻汉国忧。

【解读】贺知章（659—约 744），唐代诗人、书法家，号“四明狂客”。贺知章年少即有诗名，为人旷达不羁，好酒，有“清谈风流”之誉。这首诗写的是贺知章送别到边境从军的友人。最后一句“万里长城寄，无贻汉国忧”表达了诗人对祖国边境安全的关切和对戍边军士的勉励。

北风行

唐 · 李白

烛龙栖寒门，光曜犹旦开。
日月照之何不及此？惟有北风怒号天上来。
燕山雪花大如席，片片吹落轩辕台。
幽州思妇十二月，停歌罢笑双蛾摧。

倚门望行人，念君长城苦寒良可哀。
别时提剑救边去，遗此虎文金鞞钗。
中有一双白羽箭，蜘蛛结网生尘埃。
箭空在，人今战死不复回。
不忍见此物，焚之已成灰。
黄河捧土尚可塞，北风雨雪恨难裁。

【解读】李白（701—762），唐代浪漫主义诗人。唐天宝十一载（752）李白游历平谷、蓟县一带，写下了这首借乐府古题创作的《北风行》。此诗通过描写一个北方女子对丈夫战死的悲愤心情，揭露了安禄山在北方制造纠纷、挑起战火的罪行。其中“燕山雪花大如席，片片吹落轩辕台”生动写出了长城内外大雪纷飞、气候严寒的景象，成为诗歌中夸张、比喻修辞的典范。“念君长城苦寒良可哀”则道出了戍守边疆的现状与无奈，征人之困和思妇之情跃然纸上。

使青夷军入居庸三首

唐 · 高适

其一

匹马行将久，征途去转难。不知边地别，只讶客衣单。

溪冷泉声苦，山空木叶干。莫言关塞极，云雪尚漫漫。

其二

古镇青山口，寒风落日时。岩峦鸟不过，冰雪马堪迟。

出塞应无策，还家赖有期。东山足松桂，归去结茅茨。

其三

登顿驱征骑，栖迟愧宝刀。远行今若此，微禄果徒劳。

绝坂水连下，群峰云共高。自堪成白首，何事一青袍。

【解读】高适（约 700—765），唐代著名诗人，尤以边塞诗成就最高。唐天宝年间（742—756），高适举有道科，授封丘尉，随后送兵蓟北，次年春南返封丘。在这期间，他曾取道居庸，登临长城，有所感想之下写出了《使青夷军入居庸三首》。这是迄今所见吟咏居庸关的最早诗作，高适由此成为“赋诗居庸第一人”。三首诗一气呵成，从征程写到边塞，从边塞转回归途，摹景、状物、言志、抒情，毫无雕饰之感，能悲壮亦能动人，能令志士扼腕亦能使游子抚心。

» 长城雪景图

过杨无敌庙

宋·苏辙

行祠寂寞寄关门，野草犹知避血痕。
一败可怜非战罪，太刚嗟独畏人言。
驰驱本为中原用，尝享能令异域尊。
我欲比君周子隐，诛彤聊足慰忠魂。

【解读】苏辙（1039—1112），北宋文学家、宰相。“唐宋八大家”之一，与父苏洵、兄苏轼合称“三苏”。这首诗是苏辙路过古北口时写的。杨无敌即杨家将之首杨业，初为北汉将领即屡立战功，被称为“无敌”；归宋之后长期驻守雁门关一带，屡次大破辽军，后兵败被俘，绝食而死。辽人为杨业的忠勇

» 居庸关长城

而震撼，就在密云古北口修建了杨令公庙，时至今日仍然矗立在古北口长城脚下。在诗中，苏辙流露出了对杨业最终结局的惋惜，同时也肯定了杨业刚直不阿的性格、为国家奔走效劳的功业以及能令敌人也倍加尊敬的人格，抒发了告慰忠魂之情。

过居庸关

元 · 萨都剌

居庸关，山苍苍，关南暑多关北凉。
天门晓开虎豹卧，石鼓昼击云雷张。
关门铸铁半空倚，古来几多壮士死。
草根白骨弃不收，冷雨阴风泣山鬼。
道旁老翁八十余，短衣白发扶犁锄。
路人立马问前事，犹能历历言丘墟。
夜来芟豆得戈铁，雨蚀风吹半棱折。
铁腥惟带土花青，犹是将军战时血。
前年又复铁作门，貔貅万灶如云屯。
生者有功挂玉印，死者谁复招孤魂。
居庸关，何峥嵘！
上天胡不呼六丁，驱之海外消甲兵？
男耕女织天下平，千古万古无战争！

【解读】萨都剌（约 1300—？），元代著名诗人、画家、书法家。其诗清新流利，词长于怀古，笔力雄健，音律锵然，被誉为有元一代词人之冠。在这首《过居庸关》中，诗人首先描绘了居庸关的特殊地势，呈现了连年征战后的凄惨景象，紧接着由自然景象延伸到人文现实，借老翁、路人之口表达了对战乱时代的百姓的同情和悲悯，引发对王朝更迭、纷争不断的反思，在对现实和历史的双重观照下抒发了对和平的憧憬，可谓一唱三叹，情真意切。

塞下曲

明 · 许倓

古北关前月似霜，石塘岭下塞云黄。
鸣笳夜半边声起，不是征夫亦断肠。

【解读】许倓，字静夫，河南灵宝人，是明朝著名的文人。这首《塞下曲》写的是许倓在北京密云石塘路的见闻和感想。石塘路坐落在密云水库西岸，北

» 远观居庸关

依白河，为蓟镇西协四路之一，明代长城重要隘口，清代《密云县志》称之为“密云首险”。这里有一段鹿皮关长城，初建于北齐，明万历年间重修，从白河东西两山的顶峰直插谷底，蜿蜒起伏。青白条石垒砌的长城和半夜的鸣笳声一起印证着岁月的沧桑。

汤泉大阅

明 · 戚继光

使者临关日拥旄，天威只尺壮神皋。
指挥乍结车骑阵，战守还凭虎豹韬。
万阁凌霄金作垒，五兵飞雪玉为刀。
年来愧博君王宠，幸有边尘识二毛。

【解读】戚继光（1528—1587），明朝著名军事家、书法家、诗人，清代学者王士祯将其列为古今名将能诗的 11 人之一。明隆庆二年（1568），戚继光以都督同知调蓟州，加强军备、修建长城。到隆庆六年（1572），明朝派官员巡视边防，戚继光的《汤泉大阅》就写于这次检阅期间。今天看来，这首诗也成为戚继光 16 年间戍守北方、战功赫赫、保障塞内人民安定生活和社会生产的侧面见证。

古北口

清 · 顾炎武

雾灵山上杂花生，山下流泉入塞声。

却恨不逢张少保，碛南犹筑受降城。

» 密云水库

【解读】顾炎武（1613—1682），明末清初思想家。明朝灭亡之后，顾炎武积极参加抗清斗争。清朝统一后，顾炎武不与清朝统治者合作，选择遍游华北，并远赴塞外考察地理情况，为抗清做准备工作。他在古北口考察地形时写了这首《古北口》，这是其中的第四首。古北口长城关防废弃多年，杂花丛生，昔日雄伟壮观的景象变成了一片荒凉。遗憾的是再也没有张少保这样的名将来整顿关防，使之重新成为防御外敌的屏障。由此诗人表达了对故国的怀念眷恋以及国家兴亡的强烈责任感。

浣溪沙

清·纳兰性德

欲寄愁心朔雁边，西风浊酒惨离颜。黄花时节碧云天。

古戍烽烟迷斥堠，夕阳村落解鞍鞯。不知征战几人还。

【解读】纳兰性德（1655—1685），清代著名词人，王国维《人间词话》中评价其为“以自然之眼观物，以自然之舌言情，北宋以来，一人而已”。纳兰性德出身贵族，为康熙帝身边的一等侍卫，多次随康熙出巡。这首词正是纳兰性德随行游历到北京怀柔一带边塞时写的。朔雁西风，夕阳村落，烽烟斥堠，战马嘶鸣，此情此景不禁让人发出“不知征战几人还”的慨叹。

出古北口

清·康熙帝

年年秋狝此经过，峭石天成险隘多。

沙漠名王皆属国，但留形胜壮山河。

【解读】清代，盛世的皇帝频繁出入于长城内外，特别是康熙帝修建避暑山庄来往于古北口之际，目睹了古北口长城的雄姿，在诗中感叹其沧桑巨变。康熙二十四年（1685），康熙帝北巡，大臣上奏询问是否对长城进行维修。康熙帝表示长城“国强则固，国弱则不固”“徒为劳众耗材之举”。这首《出古北口》就是康熙帝这种思想的表达。他认为，历史上频繁骚扰中原的北方游牧民族基本都已经归顺了朝廷，作为人文形胜的万里长城也就只是个“壮我山河”的摆设罢了。

» 康熙帝戎装像